TU EMPRESA SECRETA

Carlos Rebate

Tu empresa secreta
Ideas prácticas y divertidas para descubrir
y desarrollar tus proyectos personales
y profesionales

Ilustrado por Santy Gutiérrez

EMPRESA ACTIVA

Argentina - Chile - Colombia - España
Estados Unidos - México - Perú - Uruguay - Venezuela

1.ª edición Septiembre 2014

Copyright © 2014 *by* Carlos Rebate

© 2014 *by* Ediciones Urano, S. A.
Aribau, 142, pral. – 08036 Barcelona
www.empresaactiva.com

ISBN: 978-84-92921-11-9
E-ISBN: 978-84-9944-762-9
Depósito legal: B. 18.693–2014

Fotocomposición: Moelmo, S.C.P.
Impreso por: Romanyà-Valls – Verdaguer, 1 – 08786 Capellades
    (Barcelona)

Impreso en España – *Printed in Spain*

A Natalia ♥, por soportarme durante los últimos veinte años y por dar a luz a los dos tesoros más hermosos y brillantes de nuestra cámara: Lucía ♥ y Lucas ♥

«Hay quien dice que el destino es algo que está fuera de nuestro control, que el destino no nos pertenece, pero yo sé que no es así, nuestro destino está dentro de nosotros, solo tenemos que ser valientes para poder verlo.»

Brave

Índice

1

Una «empresa secreta»

Empresa (del it. *impresa*)

- f. Acción o tarea que entraña dificultad y cuya ejecución requiere decisión y esfuerzo.

Secreto, ta. (Del lat. *secrētus*, part. pas. de *secernĕre*, segregar)

- adj. Oculto, ignorado, escondido y separado de la vista o del conocimiento de los demás.

D escubrí que tenía una empresa secreta el 9 de mayo de 2005. Me habían invitado a dar una charla en unas jornadas de orientación a empleo en la universidad y esperaba mi turno sentado en mi asiento, convaleciente aún de los vinos de la cena de la noche anterior. Mi cabeza no paraba de dar vueltas a una idea mientras escuchaba hablar a unos empresarios. Entonces me levanté y, para mi sorpresa, me encontré confesando en voz alta que acababa de descubrir que trabajaba en una empresa secreta sin saberlo, desde hacía años.

Tras esa confesión se hizo un silencio incómodo y los organizadores del evento me miraron desconcertados. Trataban de dilucidar si había perdido el rumbo de forma definitiva. «¿Pero este tipo no venía a hablar del empleo en el ámbito privado?», debieron pensar. El caso es que todavía no sabía muy bien qué iba a contar a continuación, así que reuní en mi interior todo el arrojo que pude, recorrí las caras de las personas que mi miopía me permitía distinguir con nitidez, respiré profundamente y les dije con fingida serenidad: «Voy a contaros un secreto». Y les conté lo que en aquel momento era mi improvisada visión de las empresas secretas.

En realidad, lo sepamos o no, todos tenemos una empresa secreta, un proyecto personal oculto, ignorado, escondido y separado de la vista o del conocimiento de los demás. Este proyecto personal la mayoría de las veces no es solo un secreto para los demás, también lo es para nosotros mismos.

Que tu empresa secreta sea o no conocida por otros no tiene demasiada trascendencia, pero que se muestre visible a tus ojos marca la diferencia. Una vez que la descubres puedes trabajar conscientemente en ella y utilizarla para dar un profundo sentido a tu vida. Si toda empresa entraña dificultad y requiere decisión y esfuerzo, mucho más si es secreta. ¿Cómo descubrirla? ¿Cómo trabajar en ella si no sabemos que existe?

Es más fácil de lo que parece, aunque tuvieron que pasar ocho años hasta que todas las piezas cobraron sentido para mí. Fue en otro evento, el 8 de noviembre de 2013, en el Congreso de Mentes Brillantes que organiza cada año el Ser Creativo. En aquella ocasión utilicé a un explorador y un conjunto de metáforas para explicar cómo dirigir el pensamiento y hacer uso de la memoria con fines creativos. Llevaba experimentando aquellas técnicas conmigo mismo durante varios años y, tras exponer aquella teoría, me di cuenta de que si la simplificaba y construía una historia en torno a ella, podría ayudar a otras personas a descubrir sus empresas secretas y a dedicarse a ellas con éxito. Entonces tomé la decisión de escribir este libro, en el que encontrarás ideas prácticas y divertidas para desarrollar tus proyectos personales y profesionales (tu empresa secreta) de un modo diferente.

Como hablar de empresas secretas es un tema poco convencional, vamos a aproximarnos a su búsqueda también de forma poco convencional. Necesitarás ponerte en la piel de un explorador* y prepararte a seguir las pistas que te conduzcan a su escondite. Así que quiero pedirte algo antes de comenzar: olvida que tienes un libro entre las manos, piensa más bien que es un juego, un tablero con letras, mapas y dibujos. Una aventura en la que tú eres el protagonista.

* En el anexo 1 encontrarás dos exploradores recortables que podrás caracterizar a tu gusto al final de tu aventura.

Descubre tu empresa secreta y utilízala para dar
un profundo sentido a tu vida.

2

La cámara del tesoro

«La fuente de la alegría debe brotar en la mente.»

SAMUEL JOHNSON

Ahora debes ponerte en situación: eres un aventurero en busca de un tesoro (tu empresa secreta). Como buen aventurero, lo primero que vas a necesitar es una antorcha. Te vendrá bien para adentrarte en las profundidades de la galería subterránea que conduce a la cámara del tesoro. Es un lugar oscuro. Miras a tu alrededor y no ves nada. Pero no tienes miedo, ahora tienes una antorcha entre tus manos.

Te sientes como Indiana Jones. El tesoro está cerca, lo intuyes, aunque no lo ves. Notas el calor de la antorcha en la cara, quema ligeramente, pero es mejor que caminar a oscuras. Se respira una humedad metálica, asfixiante. La galería está llena de pequeños ruidos, desde las gotas de agua que se filtran de la superficie con un incesante goteo, hasta los chasquidos de animales que sospechas que te acechan en la oscuridad, escondidos al abrigo de las rocas y raíces del interior de la gruta. Con

15

cada paso, la tierra se estremece bajo tus pies. A veces pisas algo gelatinoso, y otras algo crujiente, pero prefieres no mirar, mejor no saber a ciencia cierta qué se esconde a tu alrededor. Estás satisfecho de haber llegado hasta aquí y sabes qué sucederá cuando llegues al interior de la cámara. Lo has visto en otras ocasiones. Sabes que permanecerá a oscuras y que el tesoro estará a tu alrededor, a la espera de ser descubierto. También sabes cómo se iluminará, habrá algo inflamable en el suelo, pólvora tal vez, y cuando acerques tu antorcha prenderá con facilidad, iluminando la cámara de forma progresiva, para revelar un sinfín de hermosos tesoros. Tesoros de todos los lugares y épocas de la historia.

Cuando eso ocurra, la luz se hará poco a poco, provocando tu imaginación y deslumbrando tus sentidos, y la cámara resultará ser más grande de lo que habías sospechado, más estimulante y bella de lo que imaginabas.

Lo sabes. Sabes que será así. Eres un explorador y lo has vivido en otras ocasiones.

Esta escena es un lugar común en toda película de buscadores de tesoros* que se precie. Tú eres el intrépido aventurero, y la antorcha que llevas en la mano representa tu pensamiento, el «pensamiento que guía tu inteligencia». Te hace libre para elegir la actitud que tomas ante las circunstancias. Allí donde dirijas tu antorcha, allí dirigirás tu pensamiento, y tu inteligencia le seguirá.

---

* Describimos una escena similar en: L. Rebate, C. Rebate, *Sin temor a la noche*, Plataforma Editorial, Barcelona, 2013.

La antorcha representa el pensamiento que guía tu inteligencia.

Allí donde dirijas tu antorcha, tu inteligencia le seguirá.

El significado de cada una de las metáforas que encontrarás en tu camino hacia el tesoro te será revelado poco a poco, del mismo modo que la luz se abre paso en el interior de la cámara. A medida que avances, todo su contenido irá cobrando sentido a la luz de tu antorcha, como las piezas de un puzle. No estarás solo. Descubrirás compañeros de viaje y misteriosos utensilios que te ayudarán a que, como decía Samuel Johnson al principio de este capítulo, la fuente de la alegría brote en tu mente, tu cámara del tesoro se ilumine por completo, y el secreto, tu secreto, quede al descubierto. Pero no puedo adelantarte nada más de momento. Tendrás que coger tu antorcha y descubrirlo por ti mismo.

Es el momento de empuñar tu antorcha con determinación.

3

No solo le pasaba a Bertrand Russell

Necesitarás utilizar todos los recursos a tu disposición para garantizar el éxito en tu aventura hacia tu empresa secreta. Ya tienes antorcha, así que ahora quiero presentarte a alguien. También le conoces, aunque es fácil que no le reconozcas y que nadie te haya enseñado a hablar con él.

En las clases de creatividad que imparto a directivos suelo explicar cómo comunicar con el subconsciente lanzando un mensaje de socorro en una botella. En cierta ocasión, para mi sorpresa, uno de los asistente se acercó y me confesó: «¡Bertrand Russell decía algo muy parecido!»

Investigando un poco encontré que, en efecto, Russell afirmaba haber descubierto que cuando tenía que trabajar sobre un tema complicado, lo más efectivo era dedicar unas horas (o incluso días) a pensar en ello con suficiente fuerza e intensidad, enviar una orden clara al subconsciente para que lo resolviera, y regresar al cabo del tiempo a recoger los resultados. De esta forma su subconsciente se encargaba de realizar el trabajo por él. Esta era su peculiar manera de autoenviarse tareas de forma deliberada, que eran resueltas sin su intervención consciente.

Cuando mi alumno descubrió esto de Russell, le preguntó a su profesor de filosofía si aquello era cierto, si lo que decía Russell podía funcionar. ¿Qué crees que le respondió su profesor?: «¡Ni hablar! Eso solo le pasa a tipos como Bertrand Russell» (que por algo era considerado uno de los filósofos más influyentes del siglo XX).

Pues no, ¡no es verdad! No solo le pasa a tipos como Bertrand Russell.

En realidad todos tenemos en el cerebro un «rastreador», llamado Sistema Reticular Activador Ascendente (SRAA), que tiene como misión «buscar en nuestro interior o fuera de él aquello que en cada momento es importante o relevante para nosotros. De alguna manera es nuestro "rastreador" personal que sigue "las huellas" de lo que nos interesa hasta que lo encuentra».*

¿Será este «rastreador personal» el que utilizaba Russell?

De forma más poética, hay quien sostiene que si deseamos algo con todas nuestras fuerzas el universo conspira para que lo consigamos. ¿Es el universo el que conspira?, ¿o es nuestro subconsciente el que busca todo lo que está conectado con aquello que deseamos? ¿Será el SRAA?

Los físicos cuánticos defienden ideas muy similares. El nobel de física W. Heisenberg mantiene que lo que observamos no es la naturaleza en sí misma, sino la naturaleza expuesta a nuestro método de interrogación. Vamos, que vemos solo lo que buscamos.

¿Te has fijado en qué pasa cuando algo centra tu atención?

---

* M. A. Puig, *Ahora yo*, Plataforma Editorial, Barcelona, 2013, pp. 76-77.

Bertrand Russell lanzando un mensaje de socorro al océano de su mente subconsciente para que esta se encargue de realizar el trabajo por él.

Si un problema centra tu atención de manera consciente, comienzas a descubrir en la realidad de forma subconsciente elementos conectados con dicho problema. Si aprendes una palabra nueva en clase de inglés, comienzas a escucharla en todas las canciones. Si piensas comprarte un nuevo modelo de coche, empiezas a verlo en la calle. Si piensas en visitar un lugar turístico, lo reconoces en todas las películas que ves. Descubres una marca nueva, y de pronto aparece en todas partes.

Esas cosas que ahora descubres, ¿estuvieron siempre ahí? Por supuesto que sí. Solo que antes no las veías. Todo cambia a la luz de aquello que centra tu atención. Todo cambia a la luz de una idea. ¡Todo cambia a la luz de tu ANTORCHA!

La pregunta es: ¿se podrían transformar estos ejemplos superficiales en interrogantes más sofisticados? ¿Podríamos enviar, de forma deliberada y estructurada, preguntas a nuestro subconsciente?

Ahora eres un explorador. ¿Qué crees que hace un explorador cuando escucha que una estructura dentro de su cerebro tiene un potencial insospechado?

Quiere descubrir cómo funciona. Quiere aprender a utilizarla. Ese es el espíritu.

Como el SRAA tiene un nombre con muy poco atractivo, en nuestra aventura cobrará vida en forma de sabueso. El fiel «rastreador» personal que te guiará en tu viaje. En mi memoria se llamará *Porfin*, que fue el perro que me acompañó en mi juventud. Mi madre no nos dejaba tener perro, así que, cuando conseguimos convencerla, mis hermanas y yo nos alegramos tanto que gritamos «¡por fin tenemos perro!», y con ese nombre se quedó. Pero tú puedes llamarle como quieras.

¿Te seduce la idea de tener un fiel sabueso acompañándote en tu búsqueda hacia el tesoro?, ¿no sabes cómo comenzar? Sigue leyendo.

Nuestro querido rastreador personal (SRAA),
que seguirá las huellas de lo que nos interese
hasta que lo encuentre.

4

Cómo comunicarte con tu perro (I)
Revisa tu mochila

Ya tienes antorcha y sabueso. La antorcha sabes cómo usarla, solo tienes que dirigirla hacia lo que quieres ver, pero el perro viene sin manual de instrucciones. Necesitas aprender a comunicarte con tu nuevo amigo, con tu subconsciente encarnado en un simpático perro con manchas marrones. Que te acompañe está bien, pero tú quieres más, quieres pedirle algo y que no regrese hasta que lo encuentre.

Si quieres sacarle el máximo partido a tu rastreador particular tendrás que decirle con precisión qué debe buscar y, antes de poder hacerlo, primero necesitarás tenerlo claro tú. Para ello, debes ordenar el contenido de tu mochila de explorador. Es probable que esté repleta de ideas, trabajos y proyectos de los que eres consciente, y otros muchos de los que no (incluida tu empresa secreta). Si no la ordenas previamente, lo más fácil es que su búsqueda sea caótica e improductiva y que no conduzca a ningún resultado útil. Así que voy a pedirte que hagas lo que haría Tom Peters, gurú de la excelencia: que seas consciente de la importancia que tiene gestionar tu «cartera de proyectos». En definitiva, que ordenes tu mochila.

¡Nuestro sabueso en acción!

En primer lugar necesitas confeccionar una lista de proyectos, los que estés haciendo en la actualidad y los que te plantees hacer en el futuro. Recorre mentalmente las diferentes parcelas de tu vida: actividades con la familia y los amigos, lugares que visitar, celebraciones, cambios en el hogar, cambios de residencia, proyectos profesionales varios, aventuras de emprendimiento, aficiones, cosas que aprender, proyectos sociales, proyectos educativos, etc.

Ejemplos de proyectos pueden ser escribir un libro, cambiar de casa, visitar una ciudad, organizar una fiesta sorpresa a alguien a quien quieres, aprender a dibujar o a tocar un instrumento de música o a hacer yoga, aventurarte a crear tu propia empresa, buscar colegio para tus hijos, planificar una visita al zoo, etc. La vida está llena de proyectos, aunque a menudo no les llamemos así.

Anota con un lápiz en tu cuaderno de explorador todos aquellos proyectos que seas capaz de identificar. Es importante. Trata de ser lo más concreto posible. Si tu proyecto es hacer un viaje indica a qué lugar, cuánto tiempo, en qué época del año y con quién te gustaría hacerlo.

¿Ya tienes la lista?, ¿es corta?, ¿larga?, ¿intensa?, ¿emocionante?, ¿te ha sorprendido?, ¿te costó hacerla?

Esta lista es parte de ti, en cierta manera eres tú. Tu tiempo está contenido en ella. La persona que eres y en la que te convertirás con el paso de los años está unida a esa relación de «inofensivas» actividades que estás haciendo y que piensas hacer. Si tus proyectos son ilusionantes estarás ilusionado. Si te provocan satisfacción, te harán sentir pleno y feliz. Si tienen capacidad de transformación y desafían los límites de tu zona de confort, crecerás con ellos. Si te hacen aprender mucho te

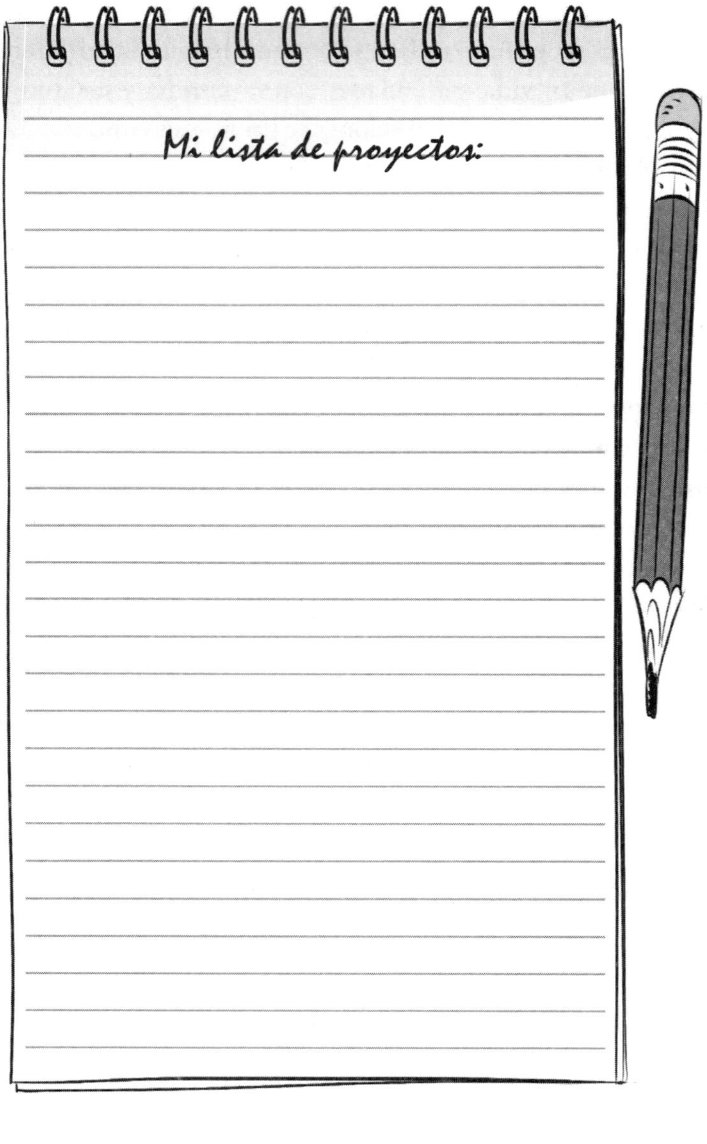
Mi lista de proyectos:

convertirás en alguien más sabio. Si ponen énfasis en las relaciones personales te harán ser más sociable. Los sentimientos, experiencias y emociones que generen irán determinando la persona que eres y en la que te convertirás. No es nada trivial. Es algo a lo que merece la pena prestarle atención.

Ahora revisa la lista anterior y trata de puntuar del 1 al 10 la capacidad de APASIONAR que cada proyecto tiene para ti. ¿Qué tal?

La buena noticia es que puedes hacer cambios. Acabas de asumir el control de tu mochila de proyectos. Y puedes ir recolocando su contenido poco a poco. O mucho a mucho. Quitar proyectos. Añadir proyectos. Transformar y convertir proyectos pequeños en apasionantes excusas para reinventar el mundo.

No es un ejercicio que se haga una sola vez. Tendrás que revisar la mochila periódicamente, cada semana, cada mes y desarrollar una sana obsesión por la calidad de su contenido.

Nada te lo impide, salvo las excusas que seas capaz de inventarte. Puedes echarle la culpa a tus abuelos (determinismo genético), a tus padres (determinismo psíquico) o a tu entorno (determinismo ambiental). Pero ¿viste alguna vez a un explorador poniendo excusas? ¿Te imaginas a Willy Fogg (uno de mis ídolos) regresando a casa en mitad de su vuelta al mundo en ochenta días porque le ha salido una ampolla en un dedo? No, ¿verdad? Pues eso.

Ahora que ya tienes tu mochila en orden ya estás listo para comunicarte con tu perro.

*La persona que eres y en la que te convertirás está unida
a las actividades que estás haciendo y que piensas hacer.
¡Vigila el contenido de tu mochila!*

5

Cómo comunicarte con tu perro (II)
El mundo a través de un pentágono

La comunicación explorador-perro, como puedes imaginar, requiere de un nuevo lenguaje que no se enseña en la escuela ni en la universidad. Nada de frases complejas ni palabras sofisticadas. Ni alemán. Ni inglés. Tu experiencia en idiomas no te servirá aquí, resérvatela para cuando viajes al extranjero. De momento solo lanzaremos unos cuantos «huesos» a las profundidades de nuestra mente subconsciente para que nuestro sabueso los rastree por nosotros.

Acabas de matricularte (¡bienvenido!) en la Escuela Oficial de Idiomas de 1.º de Explorador-Perro, así que empezaremos por algo sencillo, un lenguaje de cinco palabras dispuestas en torno a un pentágono.

¿Por qué esos cinco «huesos»?

Porque tu sabueso es capaz de seguir el rastro a cinco «huesos» sin mayor problema y porque aporta cierto equilibrio compaginar proyectos personales, laborales, de emprendimiento, de aprendizaje y de enseñanza. Empieza por estos cinco y cuando domines la técnica, incorpora los cambios que consideres oportunos.

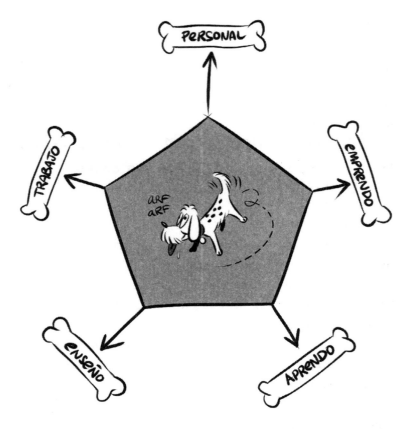

Un pentágono = cinco direcciones de pensamiento.

¿Qué pinta un pentágono aquí?, te preguntarás. ¿Por qué hemos colocado cinco «huesos» a su alrededor? Porque los símbolos y los diagramas ejercen un fascinante poder en la imaginación y nos ayudan a conectar memoria y pensamiento. Lo comprobarás cuando construyas tu propio pentágono. Solo con visualizarlo, tu mente viajará automáticamente a los proyectos que hayas ubicado en cada uno de sus vértices.

Entenderás mucho mejor la utilidad de los símbolos y los diagramas con una anécdota, la del poeta Simónides de Ceos,* quien se hizo famoso por emplear un sistema de memorización que le permitiría en una ocasión identificar los cuerpos sin vida de los asistentes a un banquete, irreconocibles tras el derrumbamiento del palacio en que se encontraban.

Cuentan** que Simónides fue invitado por Scopas, una persona acaudalada de la época, a recitar en su palacio durante un banquete. A Scopas le disgustaron los versos escogidos por Simónides en honor a los dioses Cástor y Pólux, por considerarlos dioses menores para la ocasión. Por esa razón, le amenazó con pagarle solo la mitad de lo acordado. En ese momento, dos misteriosos visitantes —Cástor y Pólux según la leyenda— reclamaron a nuestro poeta a la puerta y mientras este acudía el techo del palacio se derrumbó y todos los comensales murieron sepultados.

Simónides pudo reconocer aquellos cuerpos sin vida por la posición que cada uno de ellos ocupaba en torno a la mesa. Había aprendido a desarrollar su memoria creando imágenes mentales y situándolas en un espacio concreto, de modo que estas le ayudaran a recordar el orden de su discurso. De esta manera, recitar para él era como recorrer en su memoria los distintos «lugares» físicos que previamente había asociado con cada parte de su exposición. En el caso concreto del banquete de Scopas, había utilizado la posición de las personas alrededor de la mesa.

Nosotros utilizaremos el pentágono de forma análoga a

---

* Poeta griego nacido en el s. VI a. C.
** Lo recoge Cicerón en *De oratore*.

Simónides, como una herramienta mnemotécnica para asociar cada vértice con una dirección de pensamiento y con un proyecto concreto.

Ahora ya estás listo para hacer tu primer ejercicio práctico de Explorador-Perro de la Escuela Oficial de Idiomas. Dibuja un pentágono en tu libreta, en el espacio disponible que tienes a continuación.

Mi pentágono:

¿Ya? ¿Lo tienes?

Ahora regresa a tu lista de proyectos del capítulo anterior y trata de seleccionar un proyecto para cada vértice:

- Uno de tu ámbito personal (¿algún proyecto familiar en el horizonte?, ¿amigos?, ¿cambios?);
- otro laboral (¿retos profesionales por delante?);
- otro de emprendimiento (ese proyecto con el que sueñas);
- uno de aprendizaje (aquello que siempre quisiste aprender y nunca comenzaste por falta de tiempo);
- y otro de enseñanza (¿puedes compartir algo que sabes?) o de contribución a la sociedad (¿te apetece hacer algo por los demás?).

Escribe cada uno de esos proyectos sobre el pentágono del dibujo anterior. Al hacerlo, estarás dejando en cada vértice un «hueso» a tu fiel compañero para que rastree dentro y fuera de ti nuevas posibilidades y conexiones que te ayuden a convertirlos en realidad.

Cada hueso disparará tu pensamiento en una dirección, de la misma manera que la antorcha encendía el reguero de pólvora en la metáfora de la cámara del tesoro y, en tu memoria, como por arte de magia, cada vértice quedará asociado a un proyecto concreto, de forma que no podrás visualizar el pentágono sin pensar a su vez en los proyectos que se alojan en sus cinco vértices. El pentágono se convertirá en la herramienta para comunicarte con tu perro. Será la manera en que hablarás con él.

Con este sencillo ejercicio no solo estás comunicándote con tu subconsciente de forma estructurada y sistemática, sino que además estás poniendo en práctica el milenario «arte de la memoria»,* un procedimiento de asociación mental para facilitar el recuerdo.

Si aprendes a utilizarlo, la comunicación con tu amigo de manchas marrones funcionará y tu capacidad como explorador se multiplicará.

Cuando eso ocurra, algunas personas se sorprenderán... una vida familiar intensa y plena, retos profesionales por delante, energía para emprender y aprender cosas apasionantes, tiempo para compartir lo que has aprendido o colaborar con la comunidad... No entenderán cómo lo consigues... «¿Cómo lo haces?», te preguntarán, y a ti te costará explicarlo. Intenta ayudarles, pero si no quieres que te encierren evita contarles que has aprendido a comunicarte con un perro invisible.**

---

* Quintiliano nos habla de esta técnica (mnemotecnia) en su *Institutio oratoria*, como una herramienta para recordar largos discursos usando las partes de un templo conocido.

** Me sorprende haber llegado hasta aquí sin hablar de uno de mis filósofos favoritos ☺, Giordano Bruno. Si quieres profundizar en la filosofía del «arte de la memoria», no dejes de leer G. Bruno, *Mundo, Magia, Memoria*, Biblioteca Nueva, Madrid, 1997.

Si practicas el idioma Explorador-Perro aprenderás a comunicar con tu subconsciente de forma sencilla y estructurada.

6

¿Dónde está el norte?

Un explorador necesita orientarse. Necesita saber dónde está el norte. Mientras escribo estas líneas estoy leyendo a Stephen Covey,* apodado el «Sócrates Americano». Me está gustando. En el libro, entre otras muchas cosas, habla sobre cómo identificar cuál es el centro de tu propia vida, y dice que lo ideal es «crear un centro claro, del que pueda obtenerse sistemáticamente un alto grado de seguridad, guía, sabiduría y poder [...] que dé congruencia y armonía a todos los aspectos de la vida». Un centro anclado en principios.

Hay personas que se centran en su pareja, en la familia, en el dinero, en el trabajo, en las posesiones, en el placer, en los amigos, en los enemigos, en la iglesia, en causas sociales, en sí mismos, etc.

Sin embargo, Covey afirma que los centros anteriores, entendidos como paradigmas típicos, nos hacen dependientes en exceso de cada una de sus respectivas asociaciones (pareja,

---

* S. Covey, *Los 7 hábitos de la gente altamente efectiva*, Paidós, Barcelona, 2011.

41

familia, dinero, trabajo, posesiones, etc.), y que la única manera de crear una base sólida es centrar nuestra vida en unos principios correctos. Es decir, un centro basado en principios. Y yo me pregunto: ¿dónde queda «el CENTRO» en nuestro pentágono? A priori, podría estar en cualquier lugar, entre la familia, el trabajo, el emprendimiento, el aprendizaje y la enseñanza. En la terminología usada por Covey, cada uno de nuestros vértices se correspondería con el papel que decidimos desempeñar en un contexto determinado. Nuestra función como padre, madre, hijo, hija, empleado, emprendedor, alumno, profesor, ciudadano.

¿Podríamos formular principios sobre cada uno de los vértices?, ¿describir metas ideales propias para cada función?, ¿podríamos redactar nuestra misión personal a partir de ellas? Tal vez aún sea pronto en nuestra aventura para formular una misión personal, pero seguro que a nuestro fiel compañero de viaje le resulta de gran ayuda conocer nuestras metas por cada función, que le indiquemos qué es importante para nosotros.

Aquí va como ejemplo las metas que podrían ser mías:

- Meta familiar: quiero dedicar tiempo a mi familia, inculcar alegría y amor en sus vidas. Quiero disfrutar viendo crecer a mis hijos, inspirarme con ellos, y ayudarles a convertirse en las hermosas personas que ya son en potencia.

- Meta profesional: quiero ser reconocido como una persona creativa, inspiradora y orientada a la acción. Quiero vivir grandes retos profesionales y participar en proyectos de transformación. Quiero forjar relaciones profesionales basadas en la química personal, la confianza, la reciprocidad y la exigencia mutua.

- Meta emprendimiento: quiero emprender a través de los libros, que se conviertan en una nueva faceta profesional. Me gustaría que lo que escribo pueda servir de inspiración a otras personas.
- Meta aprendizaje: quiero ser un eterno alumno. Sentirse alumno te hace más humilde. Quiero no dejar de pensar que puedo aprender o ser cualquier cosa que me proponga.
- Meta social de enseñanza: Quiero poder compartir mi experiencia. Quiero influir en la vida de los demás, ayudar a otras personas en su desarrollo como personas y como profesionales. Quiero crear modelos sociales de negocio.

¿Cómo lo ves? No es tan difícil. ¿Qué quieres tú?

Covey nos hará entrega de una brújula que nos ayude a ubicar el norte y que nos recuerde que esto no termina en la redacción de un enunciado de misión personal. Se trata de un proceso. Se trata de mantener en mente la propia visión y los propios valores y organizar la vida para que sea congruente con aquello que consideramos más importante.*

¿Se te ocurre una manera mejor de «mantener en mente la propia visión y los propios valores» que escribirlos en tu pentágono, emplear el arte de la memoria, y decirle a tu rastreador: «Querido amigo, ayúdame con esto»?

A mí no.

* *Ob. cit.*, p. 175.

43

¿Qué quiero yo?

1. Familia y amigos

2. Profesional

3. Emprendimiento

4. Aprendizaje

5. Enseñanza, contribución a la sociedad

*Utiliza el arte de la memoria para mantener en mente
tu visión y tus valores, y para construir un centro basado
en principios sólidos.*

7

Piensa en extraordinario

Como el intrépido explorador que ya eres, cuando emprendes una nueva aventura tienes que estar preparado para esta que te transforme por completo.

Vamos a dar un paso atrás. Volvamos al pentágono con tus cinco proyectos. ¿Los tienes?

No sé qué has elegido para cada vértice, hacer un viaje con tu pareja, matricularte en clases de inglés, conciliar mejor tu vida personal y profesional, correr, apuntarte a yoga-zumba, enseñar en la academia de la esquina, vender cremalleras por internet, colaborar con la ONG de un amigo, etc.

Durante los tres últimos meses he probado este mismo ejercicio con más de doscientas personas. Todas ellas escribieron cosas del estilo a las anteriores.

Nos enseñan a pensar así, «en normal», a hacer cosas normales, proyectos normales, mantener relaciones normales y marcarnos objetivos normales. No nos enseñan a pensar «a lo grande», a pensar en modo «extraordinario». Como si las cosas importantes estuvieran fuera de nuestro alcance, como si no hubieran sido concebidas para nosotros, sino para gente más brillante, más guapa, mayor, más joven, mejor preparada, con más experiencia, con más dinero, con más contactos, etc. Pero cualquiera puede hacer cosas extraordinarias si se lo propone. Se trata de una cuestión de actitud. No es tan difícil. Además, como la inmensa mayoría de la gente está acostumbrada a pensar «en normal», cuando alguien piensa a lo grande... ¡brilla entre la multitud!, y se encuentra con menos competencia en el camino, porque como decíamos antes, todo el mundo piensa que las cosas importantes están reservadas para alguien mejor que ellos. En cierto modo es así, es verdad, están reservadas a personas que piensan que pueden hacerlo y tienen la valentía para intentarlo.

¿Y si te dijera que pienses en cada uno de tus proyectos a lo grande?

Trata de pasar cada proyecto por el filtro de las siguientes preguntas: ¿cómo sería ese mismo proyecto en modo «extraordinario»?, ¿cómo sería si pudieras soñarlo?, ¿qué tendrías que hacer para diseñarlo a lo grande?

Mira los proyectos otra vez. ¿Estás seguro de que eso es lo que quieres hacer? ¿Y si saliera un genio de una lámpara y te dejara transformarlos? ¿Y si tuvieras en tu poder una pócima que te permitiera transformar proyectos pequeños en gigantes? ¿Dejarías los mismos?, ¿los dejarías así?

Piensa en cómo transformar ese viaje en pareja en el viaje de vuestras vidas (¿dónde soñáis ir?); cómo revolucionar un área dentro de tu empresa (digo «revolucionar», así que ¡desafíate!); cómo serían esas clases extraordinarias de inglés/chino o japonés (¿tal vez un largo viaje?); qué te inventarías para conciliar tu vida personal y profesional (tengo un amigo que lleva dos años viajando alrededor del mundo y otro que estuvo un año dirigiendo su empresa desde Venecia); cómo sería correr en extraordinario (¿correr las grandes maratones?); cómo sería hacer yoga en extraordinario; cómo sería esa extraordinaria empresa de cremalleras o esa colaboración con la ONG de tu amigo (¿te sientes con fuerzas para cambiar el mundo?).

Piensa qué te hace ilusión y no te pongas límites. Recupera las cosas con las que soñabas de niño. Reconecta con ese niño (que sigue ahí dentro, agazapado) y vence la inercia psicológica que te lleva a pensar que todo eso que piensas no es posible. Aparta las excusas a medida que vayan aflorando, tómate tu tiempo, y pídele a tu perro que te ayude.

Yo lo visualizo del siguiente modo: un pentágono rodeado por un círculo invisible. Pensar a lo grande es tirar de cada uno de los vértices con fuerza, sacar al pentágono del círculo, de su perímetro, de su confort. Liberarlo. Desafiarnos a nosotros mismos. Hay un antes y un después de pensar así. ¡Créeme!

Pinta de nuevo tu pentágono. Rodéalo con un círculo. Ahora estira sus vértices, sácalo de su círculo y piensa, ¿cómo serían estos proyectos en modo extraordinario? Reescríbelos. Cuando tires de los vértices hacia el exterior no estarás moviendo solo tu lápiz, todo tu pensamiento también se moverá con él.

Mi pentágono a lo grande:

¿Conoces a algún explorador que no vaya tras proyectos extraordinarios? (el Arca de la Alianza, el Santo Grial, la calavera de cristal, una enorme esmeralda, un misterioso artefacto atlante, el tesoro escondido de los padres fundadores de los Estados Unidos, etc.).

Piensa qué te hace ilusión y no te pongas límites.

EJEMPLOS DE «NORMAL» A «EXTRAORDINARIO»

Por si te sirven de ayuda, aquí van algunos ejemplos. No todo el mundo encuentra extraordinarias las mismas cosas, pero es un modo de pensamiento que puede ejercitarse. Cuesta lo mismo y es infinitamente más divertido.

Modo «normal» de pensamiento	Modo «extraordinario»
Has diseñado una metodología para desarrollar la creatividad y te apetece impartirla en universidades y escuelas de negocios.	Piensas enseñarla en las mejores escuelas de negocios del mundo (Stanford, Harvard, Yale, MIT, London Business School, IIM, INSEAD, Wharton, Berkley, IESE, IE, etc.).
Pasas unas vacaciones de verano inolvidables con tus hijos y decides recogerlas por escrito.	Decides construir un recuerdo inolvidable, editar un libro, publicarlo, presentarlo rodeado de tu familia y amigos, y que se convierta también en algo muy especial para otras personas.
Inventas una tecnología que ayuda a personas con discapacidad a integrarse en el mercado laboral.	Quieres que esa iniciativa traspase fronteras y se convierta en un referente internacional, que aglutine a la mayor comunidad científica del mundo.

➤

Modo «normal» de pensamiento	Modo «extraordinario»
Conoces a alguien que corre carreras populares y te invita a que le acompañes a alguna.	Te marcas como objetivo correr una maratón en un año, y empiezas a planificar un viaje a la maratón de Nueva York para el año siguiente.
Estás caminando por un centro comercial y te encuentras por casualidad con un telescopio.	Decides estudiar astronomía, ver la serie de Carl Sagan, leer de nuevo sus libros, y pasarte el verano observando las estrellas.
Se te ocurre un juego de mesa para jugar en familia.	Piensas qué empresa te gustaría que comercializara tu juego. Buscas su contacto en Linkedin, les haces una propuesta, la aceptan y tu juego está en un año en más de cien países.
Vas al cine con tus hijos a ver la película *Los Pitufos 2*.	Construyes una gran aventura alrededor de la película, que se desarrolla en París, y organizas un viaje con tus hijos para visitar los lugares que allí aparecen.

➤

53

Modo «normal» de pensamiento	Modo «extraordinario»
Sientes la necesidad de contribuir con algún fin social, colaborar con una ONG. ¡Tienes que limpiar tu karma!	Te inventas un reto original para conseguir fondos, editas un vídeo solidario con una amiga e intentas que se convierta en viral. Hablas con una fundación como receptora de los fondos y presentas la iniciativa en un gran evento.
Te encargan, junto a la persona responsable de Calidad, impartir una formación en CMMi (un modelo de calidad), que es algo que te produce sopor. Detestas la calidad, y todo el mundo lo sabe.	Para divertirte organizas el *tour* «La calidad vista por un niño de cinco años», para 9 centros y para 300 personas, y construyes historias sobre el tema usando avatares de South Park. Te presentas como «el hijo pródigo de la Calidad» y comienzas cada sesión con una canción de desamor que todo el mundo conoce. Conviertes un discurso soporífero en algo lúdico.
Te planteas cambiar de sector. Buscar experiencias profesionales nuevas, retadoras.	Te haces la pregunta: ¿en qué tres compañías del mundo soñaría trabajar?

➤

Modo «normal» de pensamiento	Modo «extraordinario»
Jugando con tus hijos encuentras en Youtube *La vuelta al mundo en 80 días de Piolín*.	Te planteas organizar una vuelta al mundo con tu familia. Como no tienes fondos la planificas por etapas, y cada año o dos años diseñas el siguiente viaje (tan divertido como viajar es soñar con el viaje).
En tu trabajo te dan el usuario de una fuente de analistas. Tu apasionante misión es recibir una solicitud de informe y solicitarlo o descargarlo a su vez de su página web.	Impulsas una campaña sobre el *glamour* de llevar informes de analistas en tu carpeta. Coordinas con la fuente de analistas desayunos y almuerzos divulgativos con expertos mundiales en distintas materias. Viajas a distintos lugares del mundo a entrevistarte con ellos y analizar posibles oportunidades de adquisición de compañías.
Te gustaría ayudar a jóvenes con problemas, orientarles para que encuentren su camino.	Te informas y descubres fundaciones que buscan orientadores para chicos en riesgo de exclusión social. Te apasiona la iniciativa y decides convertirte en orientador de jóvenes en riesgo de exclusión en tu tiempo libre.

➤

Modo «normal» de pensamiento	Modo «extraordinario»
El director general de tu empresa ofrece un premio en metálico a quien le presente una idea innovadora. Decides pensar algo.	Empiezas a trabajar en una propuesta y a pensar en qué vas a hacer con el importe del premio.

Si te fijas, casi todos los ejemplos tienen algo en común, convierten algo pequeño en grande, algo normal en especial, algo aburrido en divertido. ¡Se puede!

8

Necesitas unas gafas mágicas

De Russell aprendimos que podemos implantar una idea en nuestro subconsciente de forma deliberada, y vimos que existe una estructura en nuestro cerebro que nos ayuda a buscar aquello que nos interesa. En nuestra aventura le dimos forma de perro y aprendimos a comunicar con ella. Primero ordenábamos nuestra cartera de proyectos en curso, después elegíamos cinco de ellos y los disponíamos alrededor de un pentágono y, por último, nos preguntábamos: ¿cómo serían esos mismos proyectos pensando en «modo extraordinario»? Todo esto, brújula en la mano, para no perder de vista nuestro norte.

En este punto del camino hacia el interior de la cámara del tesoro ya somos capaces de pensar en «extraordinario», de usar el «arte de la memoria» para tener en mente nuestros proyectos y nuestra propia visión, y de comunicar con nuestro perro con cierta fluidez (¡irás mejorando!).

Todo lo anterior es importante, muy importante, porque un explorador necesita tener su misión siempre en mente, recreando la cámara del tesoro en su imaginación. Para ello, antes de hacer cualquier otra cosa, necesita conocerse muy bien, dirigir su pensamiento y ejercitar la comunicación con su subconsciente.

Pero con esto no bastará para completar tu aventura con éxito. En tu camino deberás ser capaz de movilizar emociones de otras personas, necesitarás poner en marcha rutinas y procedimientos en tu día a día que te ayuden a acercarte a tu objetivo, y estarás obligado a tomar decisiones difíciles. Estos tres grupos de competencias sumados a la anterior —visiones, emociones, procedimientos y toma de decisiones— se corresponden con cuatro estilos de pensamientos distintos, asociados cada uno de ellos a un cuadrante de nuestro cerebro: Frontal Izquierdo (FI), Frontal Derecho (FD), Basal Izquierdo (BI) y Basal Derecho (BD). Según la doctora Katherine Benziger,* cada uno de nosotros tiene una predisposición natural para operar en uno de esos cuatro estilos; un estilo en el que somos «nativos».

FI: Sobresale en el análisis lógico y en la toma de decisiones. Lógico y matemático, destaca por su capacidad para analizar, definir objetivos y planificar la estrategia adecuada para cada situación. Centrado en las partes.	FD: Destaca por su capacidad para crear e inventar, por su capacidad para analizar patrones. Es visual, espacial, no verbal, holístico, metafórico y se expresa a través de imágenes. Le aburre la rutina. Centrado en el todo.
BI: Se distingue por su capacidad para repetir una acción de manera consistente y eficaz a lo largo del tiempo. Es ordenado y encuentra satisfacción en la rutina y en el procedimiento. Centrado en el mantenimiento del orden.	BD: Sobresale armonizando y conectando con las personas. Es espiritual y simbólico, y se mueve guiado por sus sentimientos. Centrado en el mantenimiento de la armonía.

Cerebro

* http://www.benziger.org. C. Rebate, A. Fernández del Viso, *Las ruedas mágicas de la creatividad*, Plataforma Editorial, Barcelona, 2011, pp. 65-69.

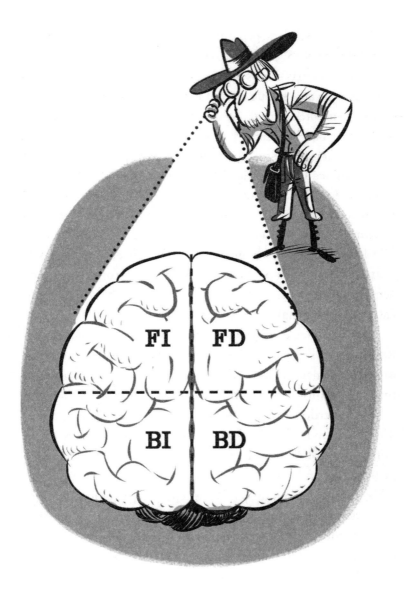

Las gafas mágicas nos permitirán ver nuestros proyectos bajo el prisma de cuatro estilos de pensamiento.

Pensar en estilos de pensamiento distintos es como hablar lenguajes distintos. ¿Significa esto que no podemos aprender a «hablar» en los demás estilos de pensamiento? No exactamente. Lo que Benziger dice es que podemos desarrollar competencias en estilos adyacentes, pero difícilmente en estilos diagonales (Frontal Izquierdo y Basal Derecho, y Frontal Derecho y Basal Izquierdo).

¿Qué significa esto? Que a una persona empática le resultará complicado tomar decisiones sin tener en cuenta el componente emocional. A una persona visual le parecerá agotador pensar en rutinas y procedimientos. A una persona que disfruta repitiendo una acción de manera consistente y eficaz a lo largo del tiempo le incomodará pensar en nuevas ideas, usar la imaginación o pensar en abstracto. Y que una persona centrada en la toma de decisiones tenderá a obviar las implicaciones emocionales de sus decisiones.

Las personas con estilos de pensamientos diagonales suelen entenderse con dificultad, porque buscan y esperan cosas distintas. Tienen modelos cognitivo-operativo-emocionales distintos. Llevado al extremo, un Frontal Derecho verá en un Basal Izquierdo a una persona cuadriculada; un Basal Izquierdo verá en un Frontal Derecho alguien que está siempre en las nubes, que solo habla de pájaros y flores; un Basal Derecho pensará que un Frontal Izquierdo no tiene corazón, y un Frontal Izquierdo verá en un Basal Derecho a alguien que solo fundamenta sus decisiones en las emociones.

Entender algo tan sencillo como esto no solo nos ayuda a identificar el estilo de pensamiento nativo de nuestro interlocutor, que ya de por sí es importante para lograr que nos entienda, sino que nos ayuda a mirar una situación bajo el prisma de otro estilo de pensamiento.

Y aquí vienen las gafas. ¿Y si tuviéramos unas gafas mágicas que nos permitieran cambiar a voluntad el estilo de pensamiento con el que vemos las cosas? Nos ayudarían a salvar la resistencia que nos dificulta ponernos en el lugar de una persona con un estilo de pensamiento diferente al nuestro. Puede que no nos sirva para desarrollar competencias en su estilo de pensamiento, pero sí para ver nuestros proyectos desde otra perspectiva.

Si nos ponemos estas «gafas mágicas» para observar los proyectos de nuestro pentágono, tendríamos algo así:

- Explorador visionario (gafas «Modo FD»): visualiza el proyecto en imágenes, de forma holística. ¿Qué imagen te viene a la cabeza? ¿Con qué imágenes o esquemas lo resumirías o explicarías?
- Explorador empático (gafas «Modo BD»): imagina cómo nos vamos a sentir y cuál es el «mapa de empa-

tías» a gestionar. Piensa: ¿qué vas a sentir tú?, ¿qué van a sentir los demás?, ¿qué personas pueden ayudarnos a lograr nuestra misión?, ¿intereses personales a favor?, ¿en contra?

- Explorador analítico (gafas «Modo BI»): recoge la lista de rutinas y procedimientos que nos acercarán a nuestro objetivo. ¿Qué cosas tengo que hacer de forma sistemática? ¿Qué listas de cosas por hacer tengo que manejar? ¿Qué políticas o procesos tengo que implementar o adoptar?
- Explorador lógico-matemático (gafas «Modo FI»): planifica la estrategia, se definen objetivos y se determinan qué criterios aplicaremos para la toma de decisiones.

Estas gafas nos permitirán ver cosas que antes no veíamos porque estaban fuera de nuestro estilo preferente, y nos ayudarán a cuestionarnos nuestro proyecto desde diferentes puntos de vista (diagonales incluidas). No hay un estilo de pensamiento mejor ni peor que otro. Los cuatro son indispensables. Para lograr algo extraordinario tenemos que planificarlo (FI), imaginarlo (FD), sentirlo (BD), poner orden (BI), tomar decisiones (FI), etc. Si algo de lo anterior falla, nuestras posibilidades de llegar con éxito al interior de la cámara se reducirán.

Por fortuna, ¡contamos con unas gafas mágicas!

NUESTROS PROYECTOS VISTOS CON GAFAS MÁGICAS

Aquí te dejamos algunos de los ejemplos anteriores vistos bajo el prisma de las «gafas mágicas».

Lógico/matemático
– Definimos un objetivo y un plazo: conseguir 3 escuelas de negocios del top 100 (1 en Asia, 1 en USA y 1 en Europa) en 6 meses

Visión/imagen/metáfora
– Creamos el proyecto y le damos un nombre: «Plan Noviembre»
– Nos imaginamos impartiendo nuestra metodología en las mejores escuelas de negocios del mundo
– Construimos una «visión» y comenzamos a alimentar esa imagen

Nuestra metodología en las mejores escuelas de negocios del mundo

Procesos
Hacemos diferentes listas de verificación que revisar semanalmente para seguir el avance:
– Lista del top 100 de escuelas de negocios: contactadas, situación, siguiente paso
– Lista de componentes del kit a elaborar: correos tipo, *clipping* de media, presentación metodología, fotografías, vídeos, etc.
– Lista de personas que pueden ayudarnos en nuestra aventura: contactadas, situación, siguiente paso

Personas/Sentimientos/ Mapa empático
– Pensamos cómo nos vamos a sentir viajando a esas escuelas de negocios y a esas ciudades (Boston, San Francisco, Chicago, Singapur, Ahmedhabad, Hong Konk, etc.)
– Construimos un discurso emocional para vender nuestra propuesta, construido desde la ilusión
– Construimos un mapa empático, identificando personas que pueden ayudarnos

Cuando miras un proyecto desde estos cuatro cuadrantes empiezas a considerarlo como algo real. Te has marcado un objetivo, lo estás visualizando, estás identificando a las personas que pueden ayudarte, contactando con ellas, recopilando cosas que vas a necesitar, etc. Te lo crees.

Lógico/matemático	Visión/imagen/metáfora
– Definimos un objetivo y fijamos plazos: correr una media maratón en 6 meses y una maratón en 1 año	– Hacemos un diagrama con el calendario y fases del plan – Nos imaginamos viajando a Nueva York, cruzando el puente de Brooklyn, y disfrutando unos días de la ciudad con la satisfacción de haber completado los 42.x km – Empezamos a crear una visión de nosotros mismos como corredores
Objetivo: Maratón de Nueva York	
Procesos – Hacemos un plan de entrenamiento y de alimentacion (y lo cumplimos), fijamos rutinas – Nos subscribimos a listas de distribución de corredores, para estar informados de carreras y noticias de interés – Compramos todo el material necesario, zapatillas, ropa de deporte, etc. – Buscamos información sobre viajes organizados a maratones y calculamos plazos para la preparación	**Personas/Sentimientos/ Mapa empático** – Empezamos a sentirnos corredores, y a participar en conversaciones que tienen que ver con correr – Creamos un grupo en WhatsApp con amigos que corren, nos animamos mutuamente y compartimos información de carreras y entrenamientos – Buscamos algún amigo con experiencia en maratones y le pedimos que nos ayude a elaborar un plan de entrenamiento

Tengo un amigo que me ha dicho que en 16 semanas me prepara para correr una maratón, que tiene un plan de entrenamiento que ha puesto en práctica con otras personas sin preparación previa y que todas lo han conseguido. ¿Quieres correr la maratón de NY? Ya sabes, solo necesitas 16 semanas.

¡PONTE LAS GAFAS!

Ahora te toca a ti, ponte las gafas y prueba con uno de tus proyectos.

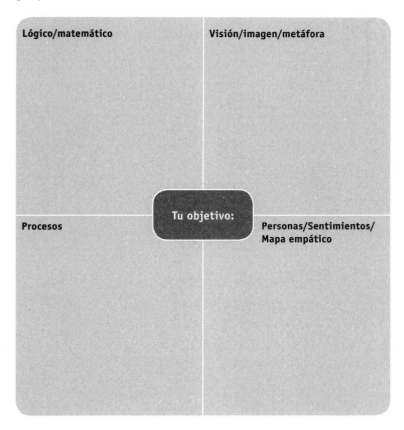

9

Con los pies en el suelo
y la mirada en las estrellas

«El hombre que mueve montañas comienza
apartando piedrecitas.»

CONFUCIO

Ya tienes la mirada puesta en las estrellas, sabes pensar en extraordinario, hablar con tu perro y tienes unas gafas mágicas último modelo. Ahora el reto está en conseguir que tus pies se muevan.

Parece estúpido, pero muchos exploradores se quedan atrapados en este punto, en el dique seco y con la mochila hecha. Es fácil sentirse paralizado cuando tienes ante tus ojos un reto extraordinario, te sientes tan deslumbrado por la magnitud del tesoro que tus piernas se agarrotan.

¿En qué se traduce lo anterior? En una excusa que he escuchado cientos de veces. Te detienes y dices: «Esto que me estás contando es muy interesante y puede funcionar para otras personas (más creativas; más bla, bla, bla…) pero no para mí. Lo mío es distinto (más complicado; de más responsabilidad; no tengo libertad; bla, bla, bla…)».

EXCUSA #1: «LO MÍO ES DISTINTO».
Me miras con condescendencia mientras piensas: «Pobrecillo, vive en un mundo de pájaros y flores. Si tuviera un trabajo-jefe-matrimonio-familia-vida como el mío...».
EXCUSA #2: «EN MI CASO ES MÁS DIFÍCIL» (porque **«LO MÍO ES DISTINTO»**, versión extendida de la **EXCUSA #1**).
Como Frontal Derecho estoy acostumbrado a que estas cosas me pasen. Es como una maldición. Tienes que asumir que habrá personas que piensen que esta estimulante aventura hacia el tesoro solo afecta a algunos afortunados, no a personas que viven en el «mundo real». Es como si nos hubieran puesto un corsé del que no pudiéramos escapar y que nos impidiera respirar con libertad. ¿Y qué es el «mundo real»?

Por suerte, para sobrevivir en la jungla empresarial, me he visto obligado a desarrollar competencias en mi otra mitad del cerebro, y hay una que valoro por encima del resto, la llamo «orientación a la acción».

Nuestro cerebro siente una pereza terrible cuando se enfrenta a un proyecto complejo, ¿por dónde empiezo esto?, se pregunta, y cae en la tentación de escabullirse, de derivar la atención hacia otra actividad más sencilla. La procrastinación* es una de las «enfermedades» más contagiosas de nuestro tiempo, y será la gran plaga de la próxima década. Nuestra actividad aumenta de forma exponencial pero nuestra productividad se reduce. Exceso de ruido, exceso de información y ningún foco concreto.

---

* «Acción o hábito de retrasar actividades o situaciones que deben atenderse, sustituyéndolas por otras situaciones más irrelevantes o agradables» (Wikipedia).

Si te sientes paralizado, pregúntate: ¿cuál es la siguiente acción física que puedo hacer para avanzar hacia mi objetivo?* Cálzate las BOTAS de explorador y comienza a dar pasos.

Si te sientes paralizado, cálzate tus botas de explorador
y da pasos.

* Esto lo aprendí de David Allen. ¡Gracias David!

Un proyecto gigante y extraordinario (incluso uno pequeño) está compuesto por cientos de cosas fáciles de hacer. Obvio. No te voy a descubrir nada si te digo que descompongas
un proyecto en sus partes, es el «divide y vencerás» de toda la
vida.

Rabindranath Tagore dice que Oriente y Occidente se ase-
mejan a los dos hemisferios del cerebro de la humanidad. Occidente se centra en las partes y Oriente en el todo. La visión
total-holística del vértice de cada pentágono ya hemos co-
menzado a desarrollarla, ahora nos falta profundizar en el
análisis de «las partes». Pero no se trata solo de dividir un
proyecto, sino de desarrollar una actitud orientada a la acción, y pensar, tras cada paso: ¿qué es lo siguiente que tengo
que hacer?

Continuemos con uno de los ejemplos anteriores, imagina
que has inventado una metodología sobre cualquier tema (estrategia, innovación, creatividad, calidad, entornos competi-
tivos, modelos de negocio, emprendimiento, etc.) y te hace
ilusión impartirla en las mejores escuelas de negocios del mundo. Suena descabellado, ¿verdad? En cambio, no es difícil buscar en Internet cuáles son las 100 primeras (Top 100 de *Fi-
nancial Times*), hacer una lista con ellas, escoger 25 (por el
criterio que te apetezca), visitar su página web, identificar pro-
gramas para directivos donde tu método sea aplicable, buscar
el nombre de los directores de cada programa, conseguir su
contacto (correo electrónico, Linkedin, Twitter, etc., o su propia página, ¿quién no tiene su contacto en Internet?), describir tu metodología en una breve presentación, escribir a cada
uno de ellos explicando la ilusión que te hace impartir tu metodología en sus aulas, etc.

Todo lo anterior es extraordinariamente sencillo. Es cuestión de seguir un proceso.

Dar clase a las mejores de la lista no está en tu mano, ni en la mía, al menos no con un único paso, pero sí lo está hacer todo lo anterior. Acciones sencillas, físicas y mecánicas. Con cada una de ellas, nuestro explorador se sentirá un poco más seguro y más cerca de su objetivo. Y, algo muy importante, acabas de abrir la puerta a una posibilidad. En cualquier momento puedes recibir un correo, como respuesta al tuyo, de alguien interesándose por tu proyecto. Vale, es posible que no pase, pero ¿y si pasa?, ¿por qué no? Hay una manera evidente de que no pase: si no lo haces. Pero si escribes a 25 personas haciéndoles una propuesta atractiva, ¿por qué no iba alguno de ellas a contestarte?

Ahora es una posibilidad. Antes no.

Otro ejemplo. Sueñas con trabajar en un tipo de compañía, de cualquier sector. Piensa en tres empresas en las que soñarías trabajar. Sí, he dicho «SOÑARÍAS». Por cualquier causa, porque eres un fanático de la tecnología, la moda, las manualidades, la aeronáutica, la consultoría, la automoción, las finanzas, las comunicaciones, las energías renovables, la electrónica, etc., porque son punteras en su sector, porque algunas personas inspiradoras han desarrollado su carrera allí o, simplemente, porque tienen su sede en lugares en los que te gustaría vivir. La razón no importa.

Quítate de la cabeza la idea de que esa empresa busca personas más interesantes, listas, guapas, jóvenes, brillantes, preparadas que tú. Puede que sea así, pero... ¡ahora tienes un plan! Pon este proyecto en uno de los vértices de tu pentágono y piensa (además de ponerte las gafas mágicas) en qué pasos sencillos puedes dar ¡ya!, ¡ahora mismo!

Escribir el proyecto y dirigir tu pensamiento hacia acciones concretas que te acerquen a él hará que comiences a tomarte en serio la posibilidad de lograr tu objetivo. Ya no se trata solo de un sueño, estás dando pasos, estás haciendo cosas para convertirlo en una realidad. Has transformado un sueño en un proyecto, y a lo mejor no sabes hacer sueños, ¡pero seguro que sí sabes hacer proyectos!

Este es un punto de inflexión en nuestro viaje, la capacidad de transformar cada sueño en un proyecto extraordinario y gestionarlo como tal. Si aplicas esta filosofía a los proyectos de tu pentágono, no solo empezarás a ver nuevas oportunidades porque tu leal sabueso olfatea para ti, sino que además, al avanzar paso a paso en cada dirección, aparecerán nuevas oportunidades por el camino.

Por todo lo anterior, la pregunta ¿qué es lo siguiente? (entendida como ¿cuál es la siguiente acción física que puedo hacer?) se ha convertido en un mantra para mí. Un mantra que me ayuda a no perder de vista mis proyectos y a desarrollar una sana obsesión por dar pasos concretos en la dirección de cada uno de ellos.

Nuestro explorador necesitará también interiorizar este mantra. Pensar en proyectos. Pensar en pasos. Pensar ¿qué es lo siguiente?, ¿qué es lo siguiente?, ¿qué es lo siguiente?, ¿qué es lo siguiente?, ¿qué es lo siguiente?, ¿qué es lo siguiente?, ¿qué es lo siguiente?, ¿qué es lo siguiente?, ¿qué es lo siguiente?, ¿qué es lo siguiente?, ¿qué es lo siguiente?, ¿qué es lo siguiente?, ¿qué es lo siguiente?, ¿qué es lo siguiente?, ¿qué es lo siguiente?, ¿qué es lo siguiente?, ¿qué es lo siguiente?

Cómo aplicar las «botas» a nuestros proyectos

Cojamos los ejemplos de proyectos extraordinarios del capítulo 7, ¿qué posibles pasos se te ocurren?

Proyecto «extraordinario»	Ejemplos de «pasos»
Impartir clase en las mejores escuelas de negocios del mundo.	• Buscas el Top 100 en *Financial Times*. • Visitas la página web de cada una de ellas (o de las 25 que más te gusten). • Identificas en qué programas soñarías participar impartiendo clases.
Publicar un libro que narre una experiencia personal gratificante, por ejemplo tus vacaciones de verano en familia.	• Te acercas a una librería. • Buscas editoriales que publiquen libros del estilo al que tienes en mente. • Compras un par de libros de temática similar, para ver cómo escriben y aprender de ellos.
Conseguir que un producto que has desarrollado traspase fronteras.	• Eliges tres países (los que quieras). • Buscas en Internet qué instituciones importantes podrían estar interesadas en tu tecnología. • Identificas personas de contacto.

➤

Proyecto «extraordinario»	Ejemplos de «pasos»
Correr la maratón de Nueva York.	• Tiras tus viejas zapatillas a la basura (o las bajas al trastero si te da pena tirarlas). • Vas a una tienda especializada, te miran la pisada y compras unas zapatillas nuevas. • Pones el despertador a las 6:30 y... ¡estrenas las zapatillas!
Estudiar las estrellas.	• Te acercas a un centro comercial o a una óptica y compras un telescopio, ni uno infantil ni uno profesional, con 150 € tendrás suficiente. • Lo montas (¡no es nada fácil!). • Sales una noche al campo y buscas la luna con tu telescopio (te costará encontrarla). Alucinas de lo bonita que es...

➤

Proyecto «extraordinario»	Ejemplos de «pasos»
Diseñar un juego y conseguir que se comercialice.	• Piensas en una tienda de juegos que te encante. • Si está en tu ciudad te acercas a ella, y si no, visitas su página web. • Buscas juegos parecidos y piensas de qué manera tu juego encajaría en su filosofía.
Construir una gran aventura sobre *Los Pitufos 2*.	• Te sientas con tus hijos a ver la película. • Anotas en una libreta qué sitios de París aparecen. • Empiezas jugando en el salón y, si tus hijos te siguen en la aventura, empiezas a buscar vuelos a París...
Recaudar fondos para una fundación u ONG.	• Piensas en qué cosas sabes hacer por las que alguien esté dispuesto a pagar (¿cantas bien?, ¿haces malabares?, ¿magia?, ¿construyes algo?, etc.). • Identificas a personas (conocidas o no) que te gustaría sumar al proyecto. • Identificas fundaciones u ONGs a las que te gustaría ayudar.

➤

Proyecto «extraordinario»	Ejemplos de «pasos»
Contar un tema aburridísimo de forma divertida y pasártelo en grande haciéndolo.	• Coges un libro sobre el tema con el que vas a trabajar (seguro que hay alguno en la estantería de tu trabajo, puedes cogerlo, tranquilo, no creo que lo esté leyendo nadie). • Lo dejas en tu mesilla de noche, e intentas leer un capítulo cada noche (te servirá para conciliar mejor el sueño). • Piensas en cómo se lo explicarías a un niño de cinco años, y buscas personajes que te ayuden a contar la historia.
Cambiar de trabajo a una de las tres compañías en las que soñarías con trabajar.	• Identificas cuáles son según el criterio que consideres. • Te informas en sus páginas web sobre el perfil de candidato que buscan, qué misión tienen, cuáles son sus valores, etc. y cómo encajas tú con todo lo anterior. • Haces una lista de experiencias que podrías destacar y qué aspectos tendrías que desarrollar más para adecuarte al perfil.

➤

Proyecto «extraordinario»	Ejemplos de «pasos»
Dar la vuelta al mundo con tu familia.	• Buscas el libro de *La vuelta al mundo en 80 días,* mejor el de Julio Verne que el de *Piolín* (que no lo lea mi hija). • Haces una lista de ciudades por las que discurre la aventura. • Empiezas a calcular cuánto te costaría hacer la primera etapa y hablas con tu familia de ello.
Impulsar una campaña de gestión del conocimiento con fuentes de analistas.	• Revisas el contrato y te informas de a qué servicios te da derecho. • Pides cita al responsable de tu cuenta para comentarle tu nuevo enfoque. • Identificas analistas a los que te gustaría conocer y preguntas cuándo pasarán por tu ciudad, o en qué evento podríais conoceros.

➤

Proyecto «extraordinario»	Ejemplos de «pasos»
Convertirte en orientador de jóvenes en riesgo de exclusión social.	• Haces una lista de cosas que sabes y que sería interesante compartir con chicos en situación difícil (fracaso escolar, dificultad familiar, económica, etc.). • Identificas fundaciones que trabajen con estos colectivos, y solicitas las condiciones para convertirte en orientador. • Si tienes cosas que aportar y cumples las condiciones de la solicitud, la rellenas, la envías, y esperas ilusionado a conocer a tu primer pupilo.
Ganar un premio a la innovación en tu empresa.	• Haces una lista de los principales retos que tiene tu empresa (de oferta, geográficos, de ventas, margen, clientes, procesos, etc.). • Haces una lista de tendencias disruptivas en tu sector, o en otros sectores que serían aplicables al tuyo. • Haces un intento de cruzar ambas, necesidades y tendencias, y escribes el resultado.

CÓMO APLICAR LAS «BOTAS» A TUS PROYECTOS

Anímate y escoge alguno de tus proyectos anteriores. Trata de identificar acciones concretas que puedas empezar a realizar ya. Elige una de ellas. ¡Hazla!

¿Qué es lo siguiente?

10

El teléfono rojo

Algunas personas, cuando construyen su pentágono y eligen un proyecto para cada vértice, suelen hacerme la siguiente pregunta: «Pero ¿solo puedo hacer estos cinco proyectos?», para añadir después: «¿Y todas las cosas que "tengo" que hacer y no he puesto aquí?»

A la primera pregunta la respuesta es: «No». De hecho, muchas veces te costará avanzar en los proyectos de tu pentágono, las complicaciones del día a día te llevarán a poner tu atención en otras cosas, y a desviarte de lo que habías decidido que era importante. La diferencia ahora es que tu perro seguirá trabajando para ti, ¡todo el tiempo!, y que la imagen del pentágono te llevará de vuelta a tus proyectos en un abrir y cerrar de ojos (el arte de la memoria es algo mágico, ¡ya verás!).

Ante la segunda pregunta la respuesta es: «Si de verdad tienes que hacerlas, ¡hazlas!» Lo mejor sería no hacerlas, así que si puedes elegir no las hagas. Pero si no te queda más remedio quítatelas de encima lo antes posible. Despáchalas. No olvides lo importante que es tener tu mochila ordenada y vigilar la calidad de su contenido. Se te colarán cosas, eres humano (todavía), pero si estás atento te será más fácil filtrar el contenido y dejar tu mochila de nuevo en orden.

Te mentiría si te dijera que es fácil. Ya hemos encontrado algunos obstáculos en nuestro camino. Estamos acostumbrados a «pensar en pequeño» y demasiadas veces la complejidad de nuestra «empresa» paraliza nuestros pies. Afortunadamente, ya sabemos pensar en extraordinario y contamos con un práctico par de botas. Ahora viene otro momento difícil, vencer la tendencia a posponer acciones importantes de forma inconsciente, por miedo, vergüenza, pereza, etc.

No voy a pasar a la historia por visionario si te digo: «No pospongas las cosas importantes». Pero esto es tan simple que se nos olvida.

Lo hacemos. Posponemos lo importante. No solo porque surgen asuntos urgentes que tratar. Eso es solo una excusa. La verdad es que aunque tengamos tiempo libre, nos refugiamos en tareas banales que nos mantienen ocupados y nos autoengañamos con una falsa sensación de actividad. No lo olvides, ¡mantenerse ocupado también es una forma de pereza! La procrastinación es peligrosa, ya sabes a qué me refiero.

El enemigo de lo importante no es lo urgente. Primero es la pereza, y después, el miedo. Un buen buscador de tesoros debe combatir sin descanso ambas cosas. ¿Conoces algún explorador perezoso?, ¿alguno miedoso?

Voy a confesarte algo, soy fan de algunos métodos de productividad personal. No me avergüenzo, deberían enseñarse en la escuela. He utilizado (y sigo utilizando) varios, y he experimentado algo curioso. Cuando logras dominar tu tiempo, ocurre algo terrorífico. ¡Comienzas a tener tiempo libre! (a veces días completos).

Cuando eso ocurre te invade una sensación de pánico. Todo tu entorno sigue igual, moviéndose a un ritmo frenético, pero para ti es como si el tiempo se hubiera detenido. Y cuando no estás acostumbrado a que eso ocurra, desearías recibir algún correo electrónico o alguna llamada, desearías que alguien te interrumpiera, algo o alguien que evitara que... ¡comiences a hacer algo importante!

Ponte en situación, tienes dos días enteros por delante, sientes la tentación de refrescar tu bandeja de entrada cada quince minutos, de darte un paseo por las redes sociales, de escribir un WhatsApp a cada contacto de tu agenda..., pero te dominas. Tienes dos días y tienes que hacer algo a lo que no estamos acostumbrados: PENSAR.

Ya no puedes poner la excusa de «si tuviera tiempo haría esto, o esto otro, que es muy importante, bla, bla, bla». Ahora tienes tiempo, tienes que elegir algo importante que hacer, y tienes que hacerlo.

Da miedo, ¿eh? (¡lo digo en serio!)

Todavía puedes seguir pensando: «Lo mío es distinto» o «En mi caso es más difícil» (porque «lo mío es distinto»). Vale, lo acepto, puede que no seas capaz de disponer de demasiado tiempo libre (tienes que probar métodos de productividad personal, hazme caso). Mi propuesta es: si solo tienes quince minutos al principio del día... ¡dedícaselos a algo importante! Si solo tienes un minuto... ¡dedícaselo a algo importante! Esto no quiere decir que estés todo el tiempo tratando de buscar cosas importantes que hacer, sino que trates de identificar una cosa importante cada día, y que suponga un paso en la dirección de tus proyectos.

Déjame que te cuente algo que aprendí de Tim Ferriss.* Intenta hacerte esta pregunta al comenzar un nuevo día: «Si esto es lo único que hago hoy, ¿me sentiré satisfecho de lo que he logrado en este día?» Identifica eso «único».

Puede ser un correo de agradecimiento a alguien de tu equipo que ha trabajado todo el fin de semana para conseguir entregarte un informe y que llegaras a tiempo. Puede ser una llamada a un cliente enfadado, para disculparte por la calidad del servicio y ofrecerte a reconducirlo. Puede ser el envío de tu CV a la empresa en la que sueñas trabajar. Puede ser cerrar una reunión con una persona importante a la que quieres plantear un nuevo proyecto. Puede ser tener éxito en la reunión con la persona importante de antes. Puede ser sentarte durante una hora para aclarar un problema enquistado y definir un plan para resolverlo. Puede ser un almuerzo con la persona con la que quieres colaborar.

Si no hacemos lo anterior es porque no le damos demasiada importancia a dar las gracias, porque no es agradable llamar a un cliente enfadado, porque nos da miedo que nos rechacen, porque nos impone presentar un proyecto a alguien importante, porque nunca encontramos tiempo para analizar y resolver un problema enquistado, porque nos da pereza almorzar con desconocidos, etc.

---

* Timothy Ferriss, *La semana laboral de 4 horas*. RBA Libros, Barcelona, 2012.

No lo olvides: mantenerse ocupado
también es una forma de pereza.

No evitamos lo importante porque seamos una panda de ácratas erráticos. No es por gusto, sino porque nos dejamos llevar por la actividad del día a día, nos invade la pereza, o la tarea nos provoca miedo, vergüenza, rechazo, etc.

Lo importante puede tener distinta naturaleza (familiar, profesional, etc.), impacto (desde pedir una cita a cerrar un gran contrato) y duración (un correo de cinco minutos o una reflexión de dos horas). Pero si cada día encuentras respuesta a la pregunta anterior (¿y si solo pudieras hacer una cosa?), eso debería ser lo PRIMERO. Las tareas importantes de una persona con cierto nivel de responsabilidad deberían caber en el reverso de una tarjeta de visita. El resto del día seguramente ya esté lleno de reuniones y llamadas.

Te doy una pista, lo importante casi siempre tiene que ver con las personas. Dar las gracias, pedir perdón, pedir un favor, aclarar un malentendido, confirmar que un mensaje llega con claridad, generar entusiasmo, vender una idea, etc. Y, si me permites, te doy un consejo: trata de hacer pocas cosas pero importantes, en lugar de muchas de poca importancia (aunque sean toneladas de ellas). Es lo que pienso. Yo, en particular, me siento muy satisfecho si hago dos o tres cosas al día (además de responder a todo lo que cada día me tiene preparado). ¿Sabes lo que es hacer dos o tres cosas al día (cada día)?

Si desarrollas este hábito reconocerás pronto su efecto. Realizarás una tarea y tendrás la sensación de haber hecho suficiente por ese día. Te sentirás feliz por haber sido capaz de vencer tu pereza y tu miedo.

A mí me ayuda el pensar en un teléfono rojo escondido entre la maleza, de camino hacia el tesoro. Es cuestión de aprovechar la que puede ser tu única oportunidad del día para hacer una «llamada de emergencia».

Si te ayuda, siempre puedes dedicar la noche anterior cinco minutos a escribir (por ejemplo en el reverso de una tarjeta de visita) qué tarea importante vas a hacer al día siguiente. Y si ves el teléfono rojo, ¡úsalo!

Cómo aplicar el «teléfono rojo» a nuestros proyectos

Para cada ejemplo del capítulo anterior hemos identificado una posible acción importante. La mayoría de ellas son cortas y abren nuevas posibilidades.

Proyecto «extraordinario»	Aplicando el «teléfono rojo»
Impartir clase en las mejores escuelas de negocios del mundo.	• Escribes tu primer *e-mail* a la persona de contacto de un programa de desarrollo directivo en Harvard.
Editar un libro de tus vacaciones de verano en familia.	• Llamas por teléfono a una editorial que te guste y preguntas qué tienes que hacer para hacerles llegar un manuscrito (algunas publican el procedimiento en su página web).
Conseguir que un producto que has desarrollado traspase fronteras.	• Envías un folleto explicativo de tu tecnología a las instituciones que has identificado, y les propones hacerles una presentación por Skype o algo semejante.
Correr la maratón de Nueva York.	• Te inscribes en la próxima media maratón (a dos meses vista) que haya en tu provincia.

➤

Proyecto «extraordinario»	Aplicando el «teléfono rojo»
Estudiar las estrellas.	• Llamas a una tienda que te han dicho que imparten cursos de cuatro horas sobre manejo de telescopios y te apuntas para la siguiente sesión.
Comercializar un juego.	• Has encontrado el contacto del director de la empresa en Linkedin, le invitas a conectar contigo.
Construir una gran aventura sobre *Los Pitufos 2*.	• Llamas a la agencia de viajes y pides que te den presupuesto para vuelos y hoteles en París.
Diseñar un proyecto para recaudar fondos para una fundación u ONG.	• Quedas con una fundación que te encanta para proponerles hacer un proyecto con ellos.
Hacer un *tour* sobre modelos de calidad contados de forma innovadora.	• Llamas a la secretaria de tu director general y le pides hueco para contarle una nueva forma de contar la calidad que te ronda por la cabeza.

➤

Proyecto «extraordinario»	Aplicando el «teléfono rojo»
Cambiar de trabajo a una de las tres compañías en las que soñarías con trabajar.	• Envías tu CV a una de ellas (cruza los dedos).
Dar la vuelta al mundo con tu familia.	• Reservas una semana de las vacaciones para viajar al primer destino (y empiezas a ahorrar).
Impulsar una campaña de gestión del conocimiento con fuentes de analistas.	• Quedas a tomar una caña con un analista inglés en un bar cercano al hotel en el que te alojas, durante el evento anual de la empresa de analistas.
Convertirte en orientador de jóvenes en riesgo de exclusión social.	• Tienes tu primera reunión con tu pupilo al salir del trabajo.
Ganar un premio a la innovación en tu empresa.	• Entras en el despacho de tu director general y le explicas tu idea.

CÓMO APLICAR EL «TELÉFONO ROJO» A TUS PROYECTOS

Trata de hacer lo mismo con los tuyos. ¿Qué cosas importantes puedes hacer en cada uno de ellos? ¿A qué esperas para hacerlas?

11

Usa tu inteligencia superior

«La verdadera felicidad consiste en hacer el bien.»

ARISTÓTELES

Por fin ha llegado el momento de entregarte el instrumento más poderoso de todos. Ni tu perro ni tus gafas ni siquiera el teléfono rojo pueden sustituirlo, y es algo que conoces muy bien.

En la conferencia que inspira este libro* conté algo a lo que entonces no di mayor importancia. Estaba en un evento con un cartel impresionante, en un lugar precioso y con más de 1.500 asistentes. Era como estar en un circo romano en el siglo XXI. Me hacía mucha ilusión estar allí y estaba muy nervioso. Para tranquilizarme comencé reconociendo que soy una persona tímida y que para hablar en público me ayuda el imaginar que tengo el corazón en la mano y le pido a él que sea quien hable. Es mi particular versión de *Hamlet*, pero con un

* IV Congreso de Mentes Brillantes. Ver la presentación en: https://www.youtube.com/watch?v=4ucSC58TEw4

93

corazón en lugar de una calavera. Este sencillo ejercicio me serena, es mi corazón el que habla. Le cedo la palabra. Siempre he pensado que lo hace mucho mejor que yo.

Al poco tiempo de esta conferencia, una amiga me envió un artículo que hablaba del «pequeño cerebro del corazón», un sistema nervioso independiente dentro del corazón formado por más de 40.000 neuronas.

¿Un cerebro dentro del corazón? Había que seguir leyendo.

El artículo también decía que las ondas del cerebro se sincronizan con las variaciones del ritmo cardiaco y que el campo electromagnético del corazón es el más potente de todos los órganos del cuerpo y se extiende algunos metros a nuestro alrededor. Es decir, que el corazón arrastra a la cabeza, y que quienes nos rodean reciben la información de nuestro corazón. Impresionante.

A raíz de ese artículo he buscado información sobre el tema, y es posible que mi sensación de comunicar con el corazón no sea solo una metáfora para serenarme y que, al pedirle ayuda, esté activando sin saberlo la inteligencia del «pequeño cerebro de mi corazón».

Vale, suena a ciencia ficción, pero a mí me encanta la idea de que nuestro corazón esconda una inteligencia superior. Te digo más, a riesgo de que pienses que estoy loco, me siento más inteligente cuando se activa. Es mucho más listo que yo (tampoco es que esto sea difícil).

Si has llegado hasta aquí, ya imaginas lo que hace un explorador cuando encuentra indicios de una inteligencia superior.

Exacto.

Quiere descubrir cómo funciona. Quiere aprender a utilizarla.

Si te fijas, se trata de una cualidad común a todos los exploradores. Ningún explorador dejará de ayudar a alguien en peligro, aun poniéndose en riesgo a sí mismo y a su misión. Dentro de cada gran explorador se esconde un gran corazón.

Así que toca ejercitar el pequeño cerebro del corazón, agrandarlo y fortalecerlo, como si fuera un músculo. ¿Cómo lo hacemos? Cultivando algunas de sus cualidades sin descanso: el coraje,* la generosidad, la pasión y el amor. Cualidades que serán percibidas por quienes nos rodean.

Si usas tus botas y el teléfono rojo con perseverancia estarás desarrollando tu coraje sin ser consciente de ello.

No descuides tampoco la generosidad. Puedes introducir un «proyecto generoso» en tu pentágono, con el que trates de devolver a la sociedad lo mucho que te ha dado. Yo lo llamo el «canal de retorno». Puede ser enseñar o inspirar a otros, colaborar con una causa social, donar parte de tus ingresos, contribuir al desarrollo de tu comunidad, etc. También puedes incluir acciones generosas en tu día a día, al principio de forma consciente, hasta que se conviertan en un hábito.

La familia y los amigos nos recuerdan el norte, un trabajo nos proporciona retos y sostenibilidad económica, emprender mantiene nuestros sentidos alerta, aprender nos hace más humildes y desafía nuestros límites, enseñar o hacer proyectos sociales nos da plenitud y sentido. Si la verdadera felicidad consiste en hacer el bien, trata de hacer el bien en tu entorno, con tu familia, con tus amigos, en tu trabajo, y mantén siempre un proyecto generoso en marcha. Recuerda que tu deber como explorador es ayudar a los que se crucen en tu camino.

---

* Coraje viene de «corazón», deriva de *cor* (corazón en latín), si bien se adaptó al castellano de la palabra francesa *corage*. Es sinónimo de tener valor, de «echar el corazón por delante».

Déjate contagiar también por la pasión y el entusiasmo. ¡Y contagia a otros! Es un rollo vivir una aventura en soledad, es mucho más divertido compartirla con otras personas. No olvides que el éxito en tu misión dependerá, casi exclusivamente, del entusiasmo que seas capaz de generar en los demás. Una sola persona puede hacer muy poco, salvo entusiasmar a otras personas a contribuir en un objetivo común. Entonces las posibilidades se multiplican. ¿Cómo se contagia la pasión? Viviendo con pasión (y generosidad), comunicando con pasión (y generosidad).

Imagina que llegas a un poblado en medio de la selva. No conoces su cultura, sus habitantes no hablan tu idioma y no sabes si acabarás en sus estómagos o en el altar de su templo. Sus habitantes te conducen ante su jefe y solo tienes una oportunidad para comunicarte con él, generar empatía y ganarte su confianza. Tienes que activar con urgencia la inteligencia superior que reside en el pequeño cerebro dentro de tu corazón, tienes que ganarte su confianza y para eso tienes que utilizar el lenguaje del corazón, expresarte desde lo que sientes. Esto no es solo una metáfora, seguro que en tu vida te encontrarás frente a muchas tribus y te sentarás ante muchos de sus jefes, así que, ¡pon en práctica tu entusiasmo!, ¡ejercita esas recién descubiertas 40.000 neuronas!

En mis aventuras como explorador observé dos comportamientos en los jefes de las tribus con las que me crucé. Los buenos jefes de tribu, por principio, no detienen a un explorador que defiende su proyecto con pasión, aunque no entiendan en absoluto lo que dice ni lo que quiere hacer. Los malos jefes de tribus, por miedo o inseguridad, encuentran muchas dificultades para detener a un explorador que defiende una idea con entusiasmo, le entiendan o no. Por una u otra razón, será difícil detenerte si defiendes algo con entusiasmo.

Y por último, nos queda el amor. ¿Cómo se ejercita el amor? Amando. Cuanto más mejor. Para que no se te olvide a nadie a quien amar, puedes hacer lo siguiente. ¿Recuerdas la anécdota de Simónides de Ceos? Imagina un banquete y a tus seres queridos alrededor de la mesa (tranquilo, esta vez sin derrumbamiento). Siéntales en el orden que consideres oportuno, siempre en el mismo, y dedica cinco minutos al día, antes de dormir o al despertar, a recorrer sus caras con una sonrisa, y pensar si alguno de ellos necesita algo de ti, hoy. Con este ejercicio tendrás a tus seres queridos en mente mientras ejercitas el arte de la memoria.

¡Siento no poder darte más pistas! Yo también acabo de descubrir el pequeño cerebro dentro del corazón y estoy ansioso por aprender a utilizarlo.

Y no olvides nunca que un verdadero buscador de tesoros esconde siempre dentro de su pecho un gran corazón. Ahora ya sabes cuál es la herramienta más poderosa que tienes: TU CORAZÓN. ¡Cultívalo!

El instrumento más poderoso y desconocido de todos:
tu corazón.

12

La gran duda

«Tiene que haber dentro de uno mismo un caos para dar a luz una estrella fugaz.»

FRIEDRICH NIETZSCHE

En el kilómetro 35 te acosará la gran duda. Faltan algo más de 7 kilómetros para la meta y te preguntas qué demonios haces corriendo. Total, no tienes que demostrar nada y nadie te está viendo, ¿para qué seguir? Te gustaría terminar la carrera, pero empiezas a dudar. ¡Se te ha olvidado por qué lo haces!

Estás ante la puerta de tu jefe, esperando para contarle una idea brillante que se te ha ocurrido. Llevas trabajando en ella varios meses en secreto, y te asalta la duda de si estarás metiendo la pata, si no estarás poniendo en riesgo un historial de quince años en la compañía por pasarte de proactivo.

O puede que vayas a cambiar de trabajo, estás muy nervioso, no sabes si estarás preparado para lo que se avecina. Tal vez seas joven para el puesto, tal vez mayor. ¿Estarás a la altura de las expectativas que han puesto en ti? Sabes que eres muy bueno, tienes muchas habilidades que te han servido hasta ahora, pero, ahí está la gran duda: ¿te seguirán sirviendo tus cualidades en esta nueva etapa?, ¿necesitarás desarrollar habilidades distintas?, ¿sabrás hacerlo?

No te preocupes. Esta sensación es NORMAL.

Tienes que saber algo que los exploradores no suelen contar a otras personas, yo te lo cuento porque hice el propósito de escribir este libro desde el corazón: los exploradores dudan, los exploradores se sienten vulnerables, y los exploradores tienen miedo.

TODOS los exploradores que conozco atraviesan momentos de duda cuando se aproximan al final de su aventura. No una duda pequeñita, sino una gigante. Una gran duda. Una duda que no solo pone en peligro el éxito de su misión, sino algo más importante: la fe que tiene el explorador en el profundo sentido de lo que está haciendo.

El explorador llega a la cámara del tesoro y... ¡¡¡la cámara está vacía!!! ¿La habrán saqueado hace siglos?, ¿estuvo el tesoro allí alguna vez?, ¿será solo una quimera?, ¿tendrán razón los que afirman que el tesoro nunca existió? Por momentos todo se desmorona y, como es natural, la fe del explorador se tambalea.

Pero lo que el explorador sabe es que la duda es en realidad más importante aún que el propio tesoro. La duda, lejos de ser un enemigo peligroso, es una gran aliada. La duda te confirma que estás en el camino correcto.

Es como cuando haces un ejercicio en clase de gimnasia, yoga, pilates, zumba, algún arte marcial, etc. y el profesor te dice: «Te tiene que doler aquí». A ti no te duele donde el profesor dice. Entonces se acerca, te corrige y repite: «Sí, pequeño saltamontes, si estás haciendo bien el ejercicio, te dolerá ahí». Y efectivamente, duele ahí. Esto es igual, si has seguido los pasos, dolerá. Es normal.

Lo anormal es que no dudes. En tal caso, te aconsejo que revises tus proyectos extraordinarios, es posible que no sean lo suficientemente extraordinarios, o que no estés yendo lo suficientemente rápido.

Disfruta de la sensación de sentirte vulnerable.
La duda te confirmará que estás en el buen camino.

Si dudas, te sientes confundido o empiezas a olvidarte de la razón por la que te embarcaste en esta aventura, te recomiendo que hagas algo: ¡sumérgete en la duda!, ¡disfruta de la sensación de sentirte vulnerable!

Tras el caos que provoca la duda se esconde una brillante estrella.* Del mismo modo que no hay estrella sin caos, no hay verdadera conquista ni verdadero tesoro sin duda.

Tómatelo como una oportunidad de catarsis y ejercita tu capacidad para dirigir el pensamiento. Cuando dudas, puedes elegir entre pensar que lo que estás haciendo no tiene ningún sentido, que es una tontería, y alimentar ese pensamiento negativo, o puedes pensar que estás en medio del caos que precede a la estrella y alimentar ese pensamiento positivo. Es cuestión de elegir qué pensamiento alimentas. Pienses una cosa u otra, estarás en lo cierto. Tú eliges. La realidad te mostrará evidencias que refuercen tus hipótesis.

Así que, si estás en el kilómetro 35, en la puerta de tu director general, a punto de un cambio profesional, o en cualquier otra circunstancia, y dudas… sigue caminando con determinación en la dirección de tu sueño, con la confianza de que cuando atravieses esa fase de duda, tras el miedo y la vulnerabilidad, te aguardará una estrella.

* Desarrollo esta idea en mi conferencia en TEDxAlcobendas «El caos que precede la estrella»: https://wzww.youtube.com/watch?v=hxPMvTkm4Uc

Tras la oscuridad y el caos se esconde una brillante estrella.

13

Fracasar con excelencia

Si todo sale mal, si tras la duda no hubiera una estrella, si no consigues encontrar el tesoro, solo te queda una cosa por hacer, ¡SONREÍR! No con una sonrisa forzada, ni una media sonrisa. Con una sonrisa amplia, de corazón. También aquí quiero ser franco, fracasarás muchas más veces de las que tendrás éxito, ¡muchísimas más!. Si fuera fácil no sería tan divertido.

Ante el vicio de perseguir quimeras extraordinarias, está la virtud de desarrollar una necesaria e instantánea capacidad para perdonarse a uno mismo cuando se fracasa. Es como tensar y destensar una cuerda, un músculo. Si todo sale mal, tienes que perdonarte de inmediato, aprender de los errores y quedarte con aquellos recuerdos positivos que forman parte del «fracaso».

Si coges la antorcha entre tus manos, aprendes a comunicarte con tu perro, ordenas la mochila, escoges proyectos extraordinarios para tu pentágono, usas la brújula para orientarte hacia el norte, miras tus proyectos a través de las gafas mágicas, das pasos con tus botas de explorador, utilizas el teléfono rojo con regularidad, cultivas ese pequeño cerebro que hay dentro de tu corazón, superas tus dudas y, aun así, alguno de tus proyectos no llega a buen término, ¡no tienes por qué preocuparte! Todo lo contrario.

Si has hecho todo lo anterior no hay fracaso posible, solo puedes «fracasar con excelencia», que es una sofisticada y divertida forma de tener éxito. No te tomes demasiado en serio ni seas duro contigo mismo si intentaste algo extraordinario y pusiste todo tu corazón en ello pero al final no lograste tu propósito. Sé duro solo si te conformaste con proyectos mediocres y obtuviste un éxito mediocre.

Igual que la duda nos daba pistas de que estábamos en el buen camino, el fracaso nos da una oportunidad inigualable de reírnos de nosotros mismos, y hay pocas cosas tan sanas como reírse de uno mismo.

Además, cada fracaso excelente está lleno de pequeños éxitos que tienes que aprender a descubrir: atrevidas incursiones fuera de tu zona de confort, momentos especiales, anécdotas inolvidables y compañeros de viaje extraordinarios que te acompañarán en el futuro. Tienes que coger de nuevo la «antorcha» de tu pensamiento y elegir qué iluminas y qué guardas en tu cámara del tesoro: la amarga y falsa sensación de fracaso, o la satisfacción de estar trabajando en alguien —en ti mismo— capaz de perseguir aventuras extraordinarias.

Me quedo con la segunda opción. Cuando la experimentes, querrás repetir.

¿Algún ejemplo? ¡Muchos!

Cuando tenía veintiséis años creamos una empresa punto com que vendía licencias de un *software* que habíamos desarrollado. Teníamos una buena idea entre manos, un logo bonito, portal en Internet, folleto en color y un modelo de negocio. ¿Sabes cuántas licencias vendimos? ¡Una!

Fracasar con excelencia es una divertida
y sofisticada forma de tener éxito.

Han pasado catorce años desde aquello y solo guardo momentos inolvidables, dos premios a la innovación, viajes por media Europa repletos de anécdotas, presentaciones comerciales a puerta fría, etc. ¿Fue un fracaso vender una sola licencia? En absoluto. Esa idea dio origen a una línea de investigación que ha sido premiada en catorce ocasiones, con más de mil impactos en medios de comunicación en todo el mundo y más de cincuenta proyectos de innovación.

Otro ejemplo:

Hace dos años una gran amiga y yo hicimos un plan para impartir nuestra metodología de desarrollo de la creatividad en las mejores escuelas de negocios del mundo (sí, es uno de los casos que aparecen en esta aventura). Ahora podemos presumir de haber creado una metodología que ha sido ignorada y despreciada por las mejores escuelas de negocios del mundo. No todo el mundo puede decir lo mismo. ¿Un fracaso? Nada de eso. Hemos estado a punto de que se incluya como curso en la mayor escuela de negocios de la India y una de las mejores del mundo. ¿Por qué? Solo porque me fascina la India y me hacía ilusión dar clase allí. También hicimos alguna sesión en IE Business School e iniciamos conversaciones con algunas escuelas estadounidenses de entre las 10 mejores. Ha sido un fracaso muy emocionante, que nos ha dado muchísimas pistas para tener éxito la próxima vez (¡que la habrá!).

Podría poner muchos más ejemplos, seguro que a ti también te viene a la memoria alguno. ¿Qué diferencia hay entre «fracasar» y «fracasar con excelencia»? En general, sabrás si te encuentras frente a un «fracaso excelente» si puedes responder positivamente a varias de estas preguntas:

Tu proyecto:

1. ¿Te hacía una ilusión terrible? ➡ **ilusión**
2. ¿Te puso frente a situaciones nuevas y complicadas? (situaciones que ni imaginarías hace cinco años). ¿Era lo suficientemente ambicioso? ➡ **reto**
3. ¿Te obligó a aprender a un ritmo acelerado? ¿Te ayudó a ser mejor persona y mejor profesional? ➡ **aprendizaje**
4. ¿Diste pasos reales con decisión? ¿Conseguiste logros reseñables? ➡ **ejecución y orientación a la acción**
5. ¿Desafió tu capacidad para innovar? (generar alternativas y modificar puntos de vista) ➡ **innovación**
6. ¿Te ayudó a entablar relación con personas más brillantes, entusiastas o sabias que tú? ¿Hiciste amigos que te acompañarán en nuevas aventuras? ➡ **círculo de personas / aliados extraordinarios**
7. ¿Te sirvió para ayudar, inspirar, formar o ilusionar a otras personas? (cultivar las cualidades del pequeño cerebro del corazón) ➡ **generosidad**

Revisa algún fracaso personal y responde a las preguntas anteriores.

Fracaso excelente:

1. Ilusión

2. Reto

3. Aprendizaje

4. Ejecución y orientación a la acción

5. Innovación

6. Círculo de personas /
aliados extraordinarios

7. Generosidad

Disfruta de las aventuras y de los amigos
que encuentres en el camino.

14

Tu empresa secreta

«Dentro de veinte años lamentarás más las cosas que no hiciste que las que hiciste. Así que suelta amarras y abandona el puerto seguro. Atrapa los vientos en tus velas. Explora. Sueña. Descubre.»

MARK TWAIN

Ahora te toca a ti. A partir de aquí tendrás que continuar solo. Tendrás que iluminar la cámara del tesoro y descubrir progresivamente el secreto que encierra en su interior.

Si la antorcha representa tu pensamiento, el reguero de pólvora su «dirección» y el sabueso tu subconsciente, la cámara es el lugar que encierra los recuerdos que son iluminados por tu imaginación. Los tesoros son «lugares en nuestra memoria», como los comensales en torno a la mesa del rico Scopas. Son los recuerdos que encendemos cuando pensamos en ellos y que se desvanecen con el paso del tiempo cuando dejamos de hacerlo.

Tu cámara cambiará de apariencia en función de la luz de tu antorcha y de los tesoros que alumbremos con ella. Está en tu mano ESCOGER qué tesoros almacenas, y VIVIR de modo que, cuando los ilumines, la fuente de la alegría brote en tu mente.

Esto que parece tan obvio no suele formar parte de ningún currículo académico. Nadie nos enseña cómo hacerlo. Si este libro fuera un curso académico sería algo así:

Primer semestre: pensamiento, subconsciente, orientación y memoria.

- **Cómo dirigir tu pensamiento I:** dirigir tu pensamiento como una antorcha.
- **Cómo comunicar con tu subconsciente I:** limpiar y organizar tu mochila de proyectos.
- **Cómo comunicar con tu subconsciente II:** dominar el arte de la memoria usando un pentágono.
- **Cómo orientarse hacia el norte:** establecer tu misión, visión y valores con una brújula.
- **Cómo dirigir tu pensamiento II:** dirigir tu pensamiento hacia lo extraordinario.
- **Cómo dirigir tu pensamiento III:** dirigir tu pensamiento en cuatro direcciones usando unas gafas mágicas.

Segundo semestre: acción, corazón, duda y fracaso.

- **Orientación a la acción I:** dar pasos con tus botas.
- **Orientación a la acción II:** atreverse a usar el teléfono rojo.
- **Cómo utilizar el pequeño cerebro del corazón:** desarrollar alguna de sus cualidades, el coraje, la pasión, la generosidad y el amor.

- **Cómo reaccionar en caso de duda:** el caos que precede a la estrella.
- **Cómo fracasar con excelencia:** una sofisticada forma de tener éxito.

En el mundo empresarial se nos enseña a dirigir proyectos y a dirigir personas, pero no a dirigir y dominar nuestro propio pensamiento, el pensamiento que debe guiar nuestra inteligencia. Tampoco se nos enseña a comunicar con nuestro subconsciente, a ejercitar la memoria con fines creativos, a pensar a lo grande, a comunicar con el corazón, ni a fracasar con excelencia. Para mí todas estas son actividades básicas que toda persona debería ejercitar con tesón.

Nuestra vida es una experiencia fascinante, una gran aventura que no debe ser delegada, ni vivida por cuenta ajena. Tenemos el deber de descubrir para qué estamos aquí y qué podemos hacer para que el mundo sea un lugar más bello tras nuestro paso. Tenemos el deber de hacer de nuestra vida algo extraordinario. Serás afortunado si consigues descubrir tu empresa secreta a tiempo y la utilizas para dar un profundo sentido a tu vida.

Si piensas lo mismo que yo, en el siguiente capítulo encontrarás... ¡el mapa del tesoro! Un pergamino secreto que contiene los diferentes elementos que hemos ido descubriendo hasta ahora en nuestra aventura hacia el interior de la cámara, y que te servirá para trabajar en tus «proyectos secretos». Podrás escribir el nombre de tus proyectos en torno al pentágono, indicar qué convertirás en extraordinario (junto a la cantimplora-pócima de pensamiento extraordinario), fijar tu norte, describir algún área de atención, visible con tus gafas mágicas, recoger una relación de pasos siguientes (junto a tus botas), alguna acción importante junto al teléfono rojo, y un recordatorio para que no te olvides del pequeño cerebro de tu corazón.

Llegado este punto, me haría mucha ilusión que estuvieras deseando abrir el mapa, coger el lápiz, y dirigir tu pensamiento hacia tus sueños, hacia tu empresa secreta, con la determinación y el coraje de un explorador. Si lo haces, tu antorcha comenzará a iluminar senderos que antes permanecían ocultos, tu fiel sabueso despertará de su larga siesta, feliz de poder servir de ayuda, y tu cámara del tesoro comenzará a iluminarse poco a poco.

Ya eres un explorador, así que ya sabes cómo piensa uno de ellos. ¿Te imaginas qué hace un explorador cuando encuentra un mapa del tesoro?

Exacto. Quiere explorarlo. Quiere saber qué se esconde detrás de él.

¡Mucha suerte!

15

El mapa del tesoro

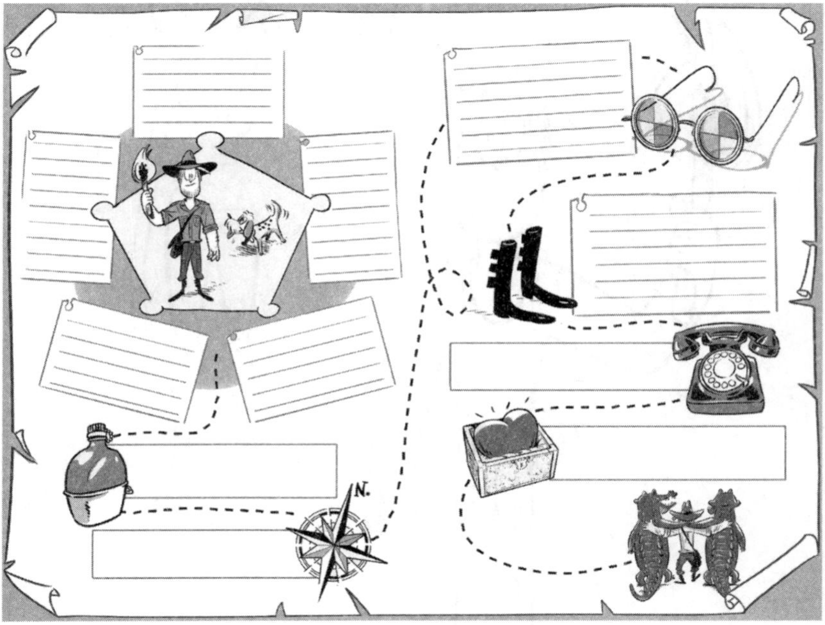
N.

Anexo 1: Caracteriza a tu explorador

Si quieres caracterizar a tu gusto al protagonista de tu aventura aquí te dejamos un par de modelos recortables con todos sus accesorios.

ANEXO 2: TEST DE EXPLORADOR

Hay determinados aspectos que conviene que vigiles con regularidad. Es fácil descuidarse. Te propongo que cada mes hagas lo siguiente:

Vigila tus niveles de...	Pregúntate cada mes...	Tu respuesta: Mes X
Ilusión	¿Qué cosas han pasado en este último mes que te han hecho mucha ilusión?	
Reto	¿Te has puesto frente a situaciones nuevas? ¿Complicadas? ¿Has salido alguna vez de tu círculo de confort?	
Aprendizaje	¿Qué has aprendido? Escribe algo concreto que hayas aprendido este mes.	
Orientación a la acción	¿Algún logro reseñable? ¿Alguna llamada con tu «teléfono rojo»?	

➤

Vigila tus niveles de...	Pregúntate cada mes...	Tu respuesta: Mes X
Innovación	¿Viviste alguna situación que te obligara a innovar? ¿A generar alternativas? ¿Qué hiciste y qué aprendiste de ello?	
Círculo de amistades	¿Incorporaste a alguna persona a tu círculo de amistades? ¿Invertiste tiempo suficiente en cultivar tus relaciones personales?	
Generosidad	¿Has sido importante en la vida de alguien? (¡este mes!)	

¡Que este test no te obsesione! No tienes por qué conocer a personas nuevas cada mes, ni aprender algo nuevo, ni tener una ilusión desbordante todo el tiempo. Es posible que cada mes solo tengas algo reseñable en dos o tres casillas de las anteriores, pero es importante que seas consciente de la necesidad de tenerlas siempre presentes.

Agradecimientos

Para terminar, quería dar las gracias a Alicia Fernández del Viso, porque siempre es un lujo contar con su ayuda. A Toyi, por ayudarme a movilizar las redes sociales. A Beatriz Sánchez Guitián, por hacerme sentir que Indra me apoya en mi empresa secreta. A Gustavo Vinacua e Ignacio Villoch, por abrirme con cariño las puertas del Centro de Innovación del BBVA. A la Universidad Europea de Madrid y a su escuela de negocios, IEDE Business School, por apoyar mis libros y dejarme experimentar en sus aulas. A Matti Hemmi, por presentarme a Santy Gutiérrez, un crack e ilustrador de esta aventura. A Sergio Bulat y al equipo de Empresa Activa, por confiar en este proyecto. Y a El Ser Creativo y TEDxAlcobendas, por lo emocionante que fue participar en sus eventos y porque la idea de escribir este libro nació en ellos.